Chaque jour compte

DU MÊME AUTEUR

Première Manche. Chronique politique et littéraire, Isoète, 1993

La Politique retrouvée, Isoète, 1994

La Responsabilité du fait des produits en France et en Europe, Dunod, 2005

Karachi, l'enquête impossible, Calmann-Lévy, 2011

Bernard Cazeneuve

Chaque jour compte

150 jours sous tension à Matignon

Stock

Couverture Atelier Didier Thimonier
Photo de couverture : © Bruno Levy/Divergence pour *La Croix*

ISBN 978-2-234-08444-5

À Véronique
À Mona et Nathan

Ce livre a été écrit à partir de notes que j'ai prises, chaque jour, à Matignon. Dans cet exercice, j'ai laissé le plus de place possible aux faits qui me paraissaient importants, pour comprendre la période que nous traversions. Je n'ai pu aborder tous les sujets dont j'ai eu connaissance dans mes fonctions. Il m'est aussi arrivé de livrer des analyses et de formuler des avis dont les événements survenus ultérieurement ont montré soit la pertinence, soit la fragilité. Je me suis cependant interdit de jeter un regard rétrospectif sur cette chronique en corrigeant des sentiments exprimés sur le vif, pour en préserver l'authenticité. C'est donc le témoignage d'une période particulière de mon expérience gouvernementale que je vous livre, avec sa part de subjectivité et qui constitue ma part de vérité.

Jeudi 1er décembre 2016

J'invite mon fils Nathan, qui a quitté depuis quelques semaines notre maison pour vivre une vie heureuse d'étudiant, à déjeuner chez Lipp. Jeune député, j'aimais à y retrouver quelques-unes des figures politiques les plus en vue. J'y retourne par nostalgie, comme dans une maison de famille délaissée, en espérant la retrouver intacte, avec ses murs de céramique et ses plafonds peints, dans son atmosphère figée par le souvenir des sensations jadis éprouvées.

Nous parlons de tout librement, assis l'un face à l'autre, à la table que François Mitterrand occupait lorsqu'il venait y déjeuner. Le patron de la brasserie nous y place. Le restaurant, nous explique-t-il, a ses codes. Et leur respect scrupuleux contribue à maintenir la réputation de l'établissement. La table est agréablement située. Dans le coin où elle se trouve, un peu à l'écart du tumulte, elle protège la confidentialité de nos conversations et nous abordons immédiatement les questions politiques. Exigeant pour l'action que je conduis au ministère de l'Intérieur, mon fils est peu complaisant à l'égard du gouvernement, mais dépourvu de malveillance. Et c'est avec sincérité qu'il exprime tout le dépit que lui inspirent les divisions de la gauche, à la veille de l'élection présidentielle. Je lui réponds que les incertitudes seront bientôt levées, que François Hollande ne tardera pas à se prononcer sur sa candidature et qu'il en résultera, par la force des choses, un contexte clarifié et sans doute plus motivant. De tout cela je n'ai aucune certitude et je me surprends à vouloir consoler mon fils d'un climat politique qui le désespère et dont il m'estime comptable, puisque je participe au gouvernement du pays. Sa jeunesse semble attendre de moi une lumière, le début d'une espérance. Mais les épreuves endurées depuis des mois, face à la violence terroriste notamment, m'empêchent d'en trouver la source, comme si la dureté de l'époque était parvenue à tarir en moi toute la ferveur des engagements passés. Je pressens cependant que les prochains jours bouleverseront le jeu, qu'un mouvement s'enclenchera, qui ouvrira d'autres perspectives et je lui en fais part avant de le quitter, heureux de ce moment trop rare, volé à nos vies trépidantes.

Avant de rejoindre l'aérodrome militaire de Villacoublay, je décide d'acheter quelques livres à l'Écume des pages, une librairie très fréquentée du boulevard Saint-Germain, dont l'activité est si intense que ses portes semblent demeurer toujours ouvertes. Alors que, pris par le temps, je demande au libraire *La musique consolatrice*, un essai de Georges Duhamel édité en 1944 et dont je cherche depuis très longtemps une réédition de qualité, je croise le regard de mon fils, lui-même affairé à trouver des ouvrages de philosophie sur une table où sont disposées les publications les plus récentes. Au moment de payer nos achats, une dame âgée m'interpelle pour me dire tout le mal qu'elle pense de la politique du gouvernement. Elle me remercie chaleureusement de dénoncer avec conviction et efficacité, l'« incurie » de ces « malfrats qui nous gouvernent ». Alors que je la regarde sans voix, et que je cherche dans mes souvenirs une trace qui me permettrait de la situer, elle s'empare de ma main et me dit avec empressement : « Merci monsieur Ciotti. Continuez je vous en prie, continuez, ne lâchez rien... » Un client, visiblement amateur de poésies sud-américaines et qui assiste à cette irrésistible scène, semble hésiter entre le fou rire et le fou pleurer. Dans l'instant, je maudis à la fois mes lunettes, ma calvitie et mes costumes sombres, avant que mon penchant naturel pour l'autodérision ne trouve vite à m'apaiser.

Dans l'hélicoptère qui me transporte jusqu'à Rennes, mon chef de cabinet me présente les discours préparés pour l'inauguration d'un nouveau centre de secours et pour la réunion publique, organisée à 20 h 30 par le député socialiste Marcel Rogemont. Plusieurs centaines de militants y sont attendus et, en dépit d'un agenda chargé et d'un contexte incertain, je n'ai pas souhaité leur faire faux bond.

À mon arrivée, la nuit commence à tomber. Je suis accueilli à l'aérodrome par le préfet de la Région Bretagne, Christophe Mirmand, dont les qualités éminentes – notamment son sens élevé de l'État – ont été mises à l'épreuve lors de son séjour en Corse. Il a toujours témoigné d'un esprit de concision et d'une exigence à l'égard de lui-même et de ses collaborateurs qui ont contribué à me donner confiance en lui. Certains, qui n'apprécient les hauts fonctionnaires qu'à travers le prisme de leur parcours passé dans les cabinets ministériels, m'ont parfois mis en garde, prenant prétexte des accointances politiques passées de ce haut commis de l'État. Ces commentateurs zélés du Bulletin quotidien ont surtout réussi à éveiller en moi les préventions les plus grandes à leur encontre, leur sens politique hautement revendiqué se traduisant, la plupart du temps, par un sectarisme ordinaire.

Alors que nous survolons le Bocage, j'apprends par une alerte envoyée sur mon téléphone que François Hollande s'adressera aux Français à 20 heures, en ouverture des journaux télévisés.

J'imagine l'état de fébrilité dans lequel se trouvent les rédactions des médias, mais aussi les spéculations de tous ceux dont l'aspiration profonde, depuis des mois, se résume à la volonté de voir le président de la République renoncer au renouvellement de son mandat, avec la seule préoccupation de leurs ambitions personnelles.

Le 25 novembre dernier, à l'occasion d'un déplacement à l'école de police de Nîmes, François Hollande m'a fait part de sa décision irrévocable de ne pas se représenter.

Dans l'échange que nous avons eu ce jour-là, il a notamment évoqué sa préoccupation de voir son action se poursuivre et son refus que la question de sa candidature puisse alimenter des divisions médiocres, qui ruineraient définitivement les chances de la gauche et porteraient atteinte à la fonction présidentielle.

Au fond de lui-même, il mesure le désastre induit par le processus de la primaire, dès lors qu'il concerne un parti dont le candidat naturel – et par conséquent légitime – ne peut être que le président sortant. Pour ne pas avoir réussi à arrêter cette machine infernale conçue par l'appareil socialiste, il en tire avec tristesse les conséquences, en se plaçant délibérément en retrait. Rarement, depuis plus de vingt ans que nous nous connaissons, je l'ai senti aussi arc-bouté sur une décision.

De ces confidences comme d'autres que nous avons partagées au cours des années passées je n'ai parlé à personne. Et à chacune des questions qui m'ont été adressées, par les journalistes ou par certains amis politiques, j'ai répondu en affirmant ne rien savoir. À aucun moment, cependant, François Hollande ne m'a fait part de son choix de précipiter sa déclaration et j'éprouve donc un sentiment de surprise, moi aussi, en découvrant qu'elle interviendra le soir même.

Pendant l'inauguration du centre de secours, mon esprit est occupé par les commentaires et événements que l'allocution présidentielle ne manquera pas de susciter. Je salue mécaniquement les invités et les autorités présentes.

Au moment où la cérémonie d'inauguration touche à sa fin, je demande au préfet s'il est possible de regarder la déclaration télévisée du président de la République. Quelques minutes plus tard, je m'isole dans une petite pièce où un téléviseur est allumé. Avec quelques autorités locales, je regarde François Hollande annoncer aux Français son choix de ne pas se représenter à l'élection présidentielle. À mesure qu'il prononce son allocution, et que vient le moment de l'annonce attendue, je sens l'émotion s'emparer de moi. Dans la pièce où nous sommes, tout semble figé, y compris les regards des autres témoins de cet instant si particulier. Chacun fixe l'écran de la télévision, comme hypnotisé.

Dans le vaste centre municipal de l'Hermitage, où m'attendent les militants, je retrouve l'ambiance des rassemblements de campagne. Avec le brouhaha et les applaudissements qui m'accueillent, chacun semble retrouver la ferveur des batailles qui précèdent les grands soirs électoraux. Pourtant, le candidat naturel, qui aurait dû légitimement porter les espoirs de ces électeurs bretons, vient de se sacrifier, par respect pour les institutions, par crainte aussi de voir la gauche se perdre en divisions funestes. Mais les orateurs qui se succèdent à la tribune, pour chauffer la salle, parlent comme si rien ne s'était produit. Ils évoquent la droite, son candidat désigné par la primaire, François Fillon, le bilan du quinquennat, sans la moindre référence à la décision lourde de sens que vient de prendre le président de la République. Cette soirée de campagne, qui ressemble à tant d'autres que nous avons pu vivre ensemble au cours des vingt dernières années, forme comme une parenthèse incongrue dans un contexte qui n'augure rien de bon, ni pour les institutions de la Ve République, ni pour la gauche.

Lorsque vient mon tour de prendre la parole, je rends immédiatement hommage à François Hollande, à son action, à sa personne et à la dignité de son choix. Je comprends alors que la plupart des participants, sans doute arrivés sur place avant 20 heures, ne savent rien de ce qui vient de se produire. Âgés pour beaucoup d'entre eux, ils ne sont pas naturellement connectés aux réseaux sociaux, qui diffusent l'information en continu. Je suis donc celui qui les informe.

Pendant le vol de retour, je pense à l'enchaînement des événements qui ont conduit à la décision du chef de l'État de ne pas se représenter à l'élection présidentielle. Il y a eu la fronde de ceux pour qui la gauche, l'authentique, est nécessairement celle qui ne gouverne pas et qui doit se rappeler en permanence au bon souvenir de celle qui gouverne en instruisant son procès à grand renfort d'arguments moraux ou doctrinaux. Il y a eu aussi la trahison méthodique des égotiques, nombreux, qui, pour assouvir leur soif d'exister à tout prix, ont oublié la loyauté qui est due à celui dont on a bénéficié de la popularité, en se faisant élire dans son sillage, ou nommer par lui. La trop grande mansuétude du président de la République à leur égard a sans doute contribué à leur donner le sentiment que la transgression leur était autorisée. Des erreurs collectives ont été commises. Certaines ont suscité des divisions, notamment celles qui sont nées du débat sur la déchéance de la nationalité. D'autres sont imputables à la précipitation ou à la surenchère : la présentation du projet de loi sur le travail en a été l'illustration. Enfin, la publication du livre de deux journalistes d'investigation du journal *Le Monde*, dont le principe, davantage que le contenu, m'avait laissé perplexe, a été le prétexte à des polémiques blessantes, qui ne furent pas du seul fait de l'opposition.

Place Beauvau, les notes des services de police et de renseignement et la trentaine de parapheurs déposés sur mon bureau témoignent d'une journée ordinaire. Assis au bureau de la bibliothèque aménagée deux décennies auparavant par l'un de mes éminents prédécesseurs, Pierre Joxe, je goûte le silence absolu des lieux. Il y a dans cette pièce, qui n'est pas le bureau officiel du ministre de l'Intérieur, mais un vaste salon contigu à ses appartements privés, une lumière singulière, différente selon les heures du jour, et dont les vertus sont apaisantes. Des rayons rouges et or nimbent chaque livre posé au fil des ans sur les vastes pans de bois. Les meubles et la cheminée contribuent aussi à créer cette ambiance si particulière des clubs anglais, où, dans la profondeur de fauteuils amortis par le temps, des conversations feutrées révèlent des choses essentielles.

Vers minuit, le téléphone sonne. C'est le président de la République. Il parle de son émotion, lors de l'annonce de sa décision aux Français. Il me dit avoir fait le choix de la responsabilité et éprouver une forme de soulagement. Il évoque aussi la suite et ma possible nomination à Matignon. Il me demande d'y réfléchir, de considérer notamment la question de ma succession Place Beauvau. Il me fait part de son souhait de me rencontrer pendant le week-end.

Longtemps je cherche le sommeil dans la nuit. Sans succès. Je pressens qu'une nouvelle période s'ouvre, faite de doutes et d'incertitudes. Je m'interroge sur la meilleure manière d'être utile au pays et au président de la République. Je ne suis pas convaincu que ma nomination à Matignon suffira à garantir à François Hollande une fin de quinquennat paisible.

Vendredi 2 décembre

La visite de l'école juive Lucien-de-Hirsch, depuis longtemps programmée dans mon agenda, a lieu ce matin, à Paris. Elle est destinée à passer en revue les dispositifs de sécurité mis en place pour faire face à la menace terroriste, en présence des enseignants, des parents d'élèves et des représentants des principales institutions juives de France. Depuis quelques mois, les gardes dynamiques des écoles et des lieux de culte se sont peu à peu substituées aux dispositifs statiques. À plusieurs reprises, Joël Mergui, président du Consistoire de France, m'a alerté sur le trouble de la communauté juive face à ce qu'elle perçoit comme un désengagement de l'État. Depuis les attentats de 2015 à Paris et à Saint-Denis, après les tragédies de Nice et de Saint-Étienne-du-Rouvray à l'été 2016, nous savons que les terroristes chercheront à semer partout l'effroi en s'en prenant à nos concitoyens, où qu'ils se trouvent, sans considération d'appartenance politique, philosophique ou religieuse. Dans un tel contexte, la mobilité des forces de sécurité est devenue une nécessité opérationnelle. Pour intervenir à tout moment, en tout lieu et dans les meilleurs délais, les patrouilles doivent être réparties partout dans la ville, de façon suffisamment visible pour demeurer dissuasives.

Dans la grande salle de l'école, le préfet de police, Michel Cadot, décrit le cheminement précis des patrouilles dynamiques, jusqu'à reconstituer le détail des heures de leur passage dans ce quartier du 19e arrondissement. Il s'engage à ce que la visibilité du dispositif soit améliorée et à revenir, d'ici quelques semaines, pour poursuivre la concertation. Les parents d'élèves, qui ont suivi l'actualité politique la plus récente, me disent leur souhait de me voir demeurer place Beauvau. Ils semblent en effet considérer ma mission de ministre de l'Intérieur comme infiniment plus importante pour le pays que celle à laquelle certains commentateurs semblent me destiner. C'est donc dans le désordre des embrassades et des recommandations de toute nature sur mon avenir que je quitte cette école où je viens, une fois encore, de mesurer la profondeur des liens qui m'unissent aux juifs de France. Jamais, en effet, je n'ai pu me faire à l'idée qu'ils puissent à nouveau vivre dans la peur de l'antisémitisme, ce poison dont la France ne s'est pas vraiment débarrassée et qui ressurgit sous des formes nouvelles, mais tout aussi pernicieuses que les précédentes. La République doit défendre les juifs de France car, sans eux, elle ne serait plus la République.

À la nuit tombée, je me rends à Melun pour la traditionnelle cérémonie de remise des sabres aux jeunes officiers de la gendarmerie. Diplômés de leur prestigieuse école, ils ont invité leurs familles à partager un moment de fierté, qui consacre autant la réussite de leur scolarité que la plénitude de leur engagement au service de la sécurité de la nation. La symbolique de la cérémonie est puissante. Les sabres sont remis aux nouveaux diplômés par leurs camarades de la promotion précédente, dans le cadre d'un ordonnancement rigoureux, où chaque geste compte. Le jeu des lumières met en valeur l'équilibre parfait du bâtiment principal, dont le classicisme contribue à la solennité du moment. Le passage en revue des troupes, la beauté de la musique interprétée par la Garde républicaine, le défilé sans la moindre faute, le baptême de la promotion après l'évocation de la carrière prestigieuse de son parrain, parfois jusqu'au récit des circonstances de son sacrifice, le froid saisissant du mois de décembre sur la place immense, tout cela contribue à l'osmose des jeunes gendarmes avec leurs familles. Fières de confier à la République, pour la servir, ce que leurs existences leur ont donné de plus précieux, leurs enfants, des parents laissent échapper une larme pudique. Dans ces instants rares, la pompe républicaine ajoute à la joie simple de Français, unis par un même code de l'honneur, par une passion commune de la France. Pendant les attentats terroristes, j'ai souvent pensé à ces familles rassemblées dans l'indivisibilité des principes de la République, pour me convaincre de la capacité de notre peuple à demeurer debout face aux épreuves.

Samedi 3 décembre

La Corse fête la Sainte-Barbe. Dans le village de Petreto-Bicchisano, je retrouve les principaux élus de Corse du Sud, mais aussi des villageois et des pompiers accompagnés de leurs familles. Pendant toute mon enfance, j'ai entendu parler de ces petites communes, nichées au flanc de collines arides, tout au long de la route entre Ajaccio et Sartène. Leurs noms singuliers, prononcés avec un accent unique, qui occulte au terme d'intonations théâtrales les dernières voyelles de l'ultime syllabe, évoquent à eux seuls d'improbables récits de vendetta. C'est dans une maisonnette austère du minuscule village de Cognocoli-Monticchi que mon arrière-grand-mère Clémentine Cianfarani est née à la fin du XIXe siècle. Quelques séjours en Corse, lorsque j'étais enfant, m'ont conduit au pied de cette demeure en indivision, qui désormais menace ruine. Pour mon premier séjour sur l'île de Beauté, en juillet 2014, une inoubliable réception a été organisée à Cognocoli, où m'a été présentée une cinquantaine de « cousins proches ».

À Petreto-Bicchisano, certains de ces innombrables parents, dont j'ignore tout des liens généalogiques qui me lient à eux, sont venus réveiller en moi cette identité insulaire à laquelle mon tempérament jacobin s'évertue à résister.

À la mi-journée, je regagne Ajaccio pour remettre les insignes de chevalier de la Légion d'honneur à Dominique Bucchini, ancien maire de Sartène et président de l'Assemblée territoriale de Corse jusqu'en décembre 2015. Communiste depuis toujours, viscéralement républicain, il répond à mon éloge par un discours dont les références évoquent une Corse à laquelle nous sommes attachés l'un comme l'autre, et qui ne conçoit son avenir que dans la consolidation du lien qui l'unit à la République.

En fin d'après-midi, une réunion se tient à Bastia, destinée à faire le point sur les dégâts occasionnés par les récentes inondations. Des quartiers entiers de la ville chef-lieu ont été endommagés. De nombreuses communes, Nonza, Borgo, Furiani, ont été durement éprouvées. La mobilisation des forces de la sécurité civile et des collectivités locales a été exemplaire. Les deux dirigeants nationalistes, Jean-Guy Talamoni et Gilles Simeoni, sont présents. Bien que toujours prompts, par posture, à dénoncer les mauvaises manières d'une administration française qu'ils considèrent comme malveillante et l'incurie des préfets qu'ils préféreraient voir transformés en ambassadeurs, ils expriment leur gratitude pour la solidarité qui s'est organisée sur l'île. Ils montrent, par la qualité de leurs interventions, la bonne maîtrise qu'ils ont de leurs dossiers. Mais je ne partage en rien leur aspiration à voir la Corse s'éloigner de la République et des principes juridiques qui la fondent.

Avant de quitter Bastia, les deux présidents me disent leurs vœux pour la suite, comme si nous étions condamnés à ne plus nous revoir, comme si cette « ultime rencontre » devait atténuer un peu les divergences profondes qui nous ont souvent opposés.

Dimanche 4 décembre

Le président de la République n'a pas encore repris contact avec moi.

Le contenu de nos échanges récents est demeuré secret. Je n'aspire pas vraiment à devenir Premier ministre, car, au fil des tragédies que le pays a eu à affronter, j'ai fini par ne plus concevoir mon action ministérielle ailleurs qu'à Beauvau.

La presse du jour bruisse de toutes les rumeurs. Comme la plupart du temps, j'ai refusé de parler aux journalistes, dont les supputations m'exaspèrent. Cela ne les empêche pas, pourtant, de me prêter des sentiments, parfois même des propos. Pour leur permettre d'écrire leurs articles, j'ai demandé à mon cabinet de leur résumer mon état d'esprit : « Je n'ai rien demandé à François Hollande et je ne lui ai jamais rien refusé qui pouvait lui être utile dans la conduite des affaires de l'État. »

Dans la matinée, je rencontre Laurent Fabius dans son bureau du Conseil constitutionnel. Arrivé en avance, je déambule dans les jardins du Palais Royal et distingue de loin mon ami qui me rejoint, coiffé d'un chapeau de feutre marron et vêtu d'un long manteau qui couvre un pantalon de velours un peu déformé. L'élégance, si elle est une manière d'être, doit autoriser une décontraction très étudiée, les jours où rien n'impose les tenues les plus classiques.

Le bureau du président du Conseil constitutionnel est vaste et ouvre largement ses fenêtres sur le Palais Royal. Après que Laurent Fabius m'a expliqué la provenance d'un immense cheval sculpté qui trône au milieu de la pièce sans en altérer les équilibres, nous abordons la situation politique. Comme souvent avec cet esprit brillant, les mots vont à l'essentiel et synthétisent avec une rare concision les contextes et les alternatives. Laurent Fabius pense que je serai nommé Premier ministre, qu'il faut que je réfléchisse dès à présent à la composition de mon gouvernement – il me conseille d'ailleurs de reconduire l'actuel à l'identique – et à mon discours de politique générale. Sans s'éloigner du rôle qui lui est désormais dévolu et qui le place à distance des champs de bataille politiques, il me parle comme à un jeune frère pour qui il aurait de l'affection. En sortant de cet entretien, je mesure que la fidélité est en politique le meilleur des investissements, qui procure aussi le plus grand des conforts.

Lundi 5 décembre

La presse du jour relate que le président de la République consulte plusieurs prétendants pour Matignon, parmi lesquels figureraient Jean-Yves Le Drian, Najat Vallaud-Belkacem, Marisol Touraine et Stéphane Le Foll. Un article évoque également la campagne que conduirait l'entourage de Manuel Valls pour la nomination du ministre de la Défense à sa succession.

Comme chaque lundi matin, je rencontre le Premier ministre. En tête-à-tête, il m'indique qu'il présentera sa candidature pour les primaires en soirée, dans son fief d'Évry, et qu'il démissionnera dans la foulée. Pour sa succession, il m'indique ne voir que deux candidats possibles, Le Drian et moi-même, sans m'indiquer clairement où va sa préférence. Je lui fais part de mon peu d'empressement. Je lui indique aussi que celui qui sera nommé pâtira de ne pouvoir s'engager autant qu'il pourrait le souhaiter dans la campagne des primaires, pour des raisons purement institutionnelles.

Sur le chemin du retour vers le ministère de l'Intérieur, François Hollande me téléphone. Il confirme les informations diffusées par la presse et dit vouloir prendre le temps de la réflexion. Je lui redis que je ne suis demandeur de rien et que sa décision sera nécessairement la bonne. Il m'interroge sur le choix de mon successeur Place Beauvau, dans l'hypothèse où il me nommerait à Matignon. Y réfléchir m'est pour l'heure difficile, mais que je ne manquerai pas de le faire, si la question venait vraiment à se poser. Le président me dit comprendre et me donne rendez-vous plus tard, dans la journée, pour faire le point.

Dans l'après-midi, je retrouve à Bruxelles le président du Parlement européen, Martin Schulz. Une relation amicale s'est nouée entre nous, lorsque j'étais au Quai d'Orsay, chargé des Questions européennes. L'accueil est sonore, car son timbre de voix lui garantit d'être entendu en toutes circonstances, ce qui suscite chez moi une irrépressible jalousie. Je le complimente devant les résultats spectaculaires du régime alimentaire auquel il semble s'être astreint au cours des derniers mois. Sans m'en livrer les secrets, il me confirme se sentir mieux et m'invite à faire de même pour éviter d'être à la fois « petit et rond », ce qui relève pour moi du combat d'une vie. Il m'interroge sur le départ programmé de Manuel Valls de Matignon et sur ses possibles successeurs. Je demeure évasif, m'en tenant à un propos convenu sur la pertinence du choix que fera François Hollande, quoi qu'il advienne, et sur mon souhait de voir Manuel Valls gagner la primaire de la gauche. Très vite, la conversation s'oriente sur la situation politique en

Allemagne. Martin Schulz me confirme sa détermination à se recentrer sur les enjeux de politique intérieure et à jouer un rôle éminent dans son pays. L'audience des partis sociaux-démocrates en Europe s'est considérablement affaiblie et les regards sont désormais tournés vers l'Allemagne, dont les prochaines échéances électorales offrent une perspective de rebond. Je sens chez mon interlocuteur l'envie d'en découdre et je le quitte avec la certitude de le retrouver en première ligne dans les combats qui s'annoncent.

Après une audition devant la commission Libertés du Parlement européen, dont certains membres me semblent très éloignés de la réalité des défis sécuritaires auxquels l'Union se trouve confrontée, je regagne Paris avec un peu de nostalgie des quelques mois passés, entre 2012 et 2013, au ministère des Affaires européennes.

Dans le Thalys je reçois un appel de Marisol Touraine qui vient aux nouvelles. Je sors du compartiment où je suis assis, par hasard, face à Brice Hortefeux et Rachida Dati qui, eux aussi, bien légitimement, cherchent à savoir. Cette curiosité qui les unit soudain, semble avoir effacé toute trace de l'hostilité légendaire qui les a toujours opposés.

Je n'ai que peu d'informations à révéler à ma collègue du gouvernement, compte tenu de l'incertitude où je me trouve moi-même. Je sais qu'elle a fait part au président de la République de sa disponibilité pour Matignon. La ministre de l'Éducation nationale a fait de même, en précisant au chef de l'État tout l'avantage qu'il pourrait tirer de sa nomination. Mais comme je ne sais comment rassurer mon interlocutrice, et que je me refuse à inventer des informations dont je ne dispose pas, je perçois qu'elle reste sur sa faim, me soupçonnant sans doute de lui en dire le moins possible pour mieux pousser mon propre avantage. Quelques minutes plus tard, François Hollande m'appelle à son tour. Il me fait part de sa décision de me nommer dès le lendemain matin à Matignon et me demande de réfléchir au casting gouvernemental. Il a informé Stéphane Le Foll de sa décision et s'inquiète de ses états d'âme, alors qu'il espérait être promu à Matignon. Il me demande de lui parler à mon tour, le plus rapidement possible. Le ministre de l'Agriculture est un fidèle parmi les fidèles, l'un de ceux pour qui François Hollande éprouve reconnaissance et affection.

De retour dans le compartiment, mes deux compagnons de voyage semblent attendre de moi des révélations. Mais j'affiche le visage impassible de celui qui vient de discuter avec son épouse de la scolarité des enfants.

À 18 h 30, de son fief d'Évry, Manuel Valls annonce sa volonté de devenir président de la République. Il se dit prêt à affronter l'échéance. Pour bien le connaître, je sais qu'il est habité du désir d'incarner une certaine idée de la France où viendraient se fondre, en une même aspiration, l'universalité des valeurs républicaines et le respect rigoureux de l'autorité de l'État. Les épreuves auxquelles le pays s'est trouvé confronté l'ont convaincu que la question laïque, et plus largement celle de l'unité et de l'indivisibilité de la Nation, devaient être placées au cœur du débat présidentiel. Le registre de sa déclaration est affectif. Le ton est grave. Tout dans son discours témoigne de sa lucidité face aux enjeux du moment. Il parle du besoin de gauche, du danger que représente l'extrême droite, aux portes du pouvoir, des risques de régression qu'engendrerait la mise en œuvre du programme de François Fillon. Au sujet de la gauche qu'il appelle à l'unité, il a cette formule qui me saisit par sa justesse : « La division est une affaire qui se fabrique à plusieurs. » N'aurions-nous pas pu y penser avant !

Aux alentours de 23 heures, François Hollande me rappelle comme convenu. Il évoque de nouveau la tristesse de Stéphane Le Foll et me parle longuement des liens fraternels qui les unissent, depuis les origines de leur collaboration politique. Il me demande de veiller sur lui, de le voir, de lui parler. Le président de la République est aussi préoccupé par ma succession Place Beauvau. Je lui propose d'y demeurer, compte tenu de la prégnance de la menace et de la brièveté du mandat qui reste à accomplir, en cumulant ma fonction de ministre de l'Intérieur avec celle de Premier ministre, et de nommer un ministre délégué pour me seconder dans la lutte antiterroriste. Je le sens réticent, pour ne pas dire hostile, à cette perspective, considérant que les forces de sécurité pourraient ne pas comprendre qu'un ministre ne leur soit pas totalement dévolu. Nous convenons d'évoquer de nouveau cette question le lendemain, dès l'annonce de ma nomination. La nuit, je ne trouve toujours pas le sommeil. Je pense à l'honneur de diriger le gouvernement de mon pays, mais aussi à la rudesse de l'ultime séquence politique du quinquennat.

Mardi 6 décembre

À 9 heures, la présidence de la République annonce ma nomination à Matignon. Quelques minutes avant la publication du communiqué de l'Élysée, François Hollande m'a de nouveau téléphoné, comme pour s'assurer une ultime fois de mon accord, et m'a demandé de le rejoindre sur-le-champ. Au moment où l'information du jour parvient aux rédactions, nous sommes donc assis autour de sa table de travail, l'un en face de l'autre. Il évoque alors les différentes étapes de notre relation, comme si la dernière, qui s'ouvre à peine, devait justifier de sa cohérence avec toutes les autres. En ce moment si singulier, où notre longue relation politique assume sa dimension personnelle et humaine, je sais que, dans la gestion quotidienne des affaires de l'État, nous n'aurons pas besoin de nous parler longtemps pour nous comprendre. Il y a entre le président et moi un niveau de complicité qui contribue à me mettre immédiatement en confiance et dissipe cette anxiété sourde dont je ne suis pas parvenu pas à me départir depuis l'annonce de son renoncement à être de nouveau candidat à l'élection présidentielle.

Très vite, notre conversation se focalise sur les choix à opérer en urgence : nous décidons de ne pas modifier la composition du gouvernement. À l'exception du poste de secrétaire d'État en charge des Relations avec le Parlement, qui échoit à André Vallini, à la faveur d'une permutation avec Jean-Marie Le Guen, rien ne change. Donner le sentiment, à travers un grand chamboule-tout gouvernemental, de chercher à imprimer un autre style ou de mettre en œuvre une autre politique eût été incongru, à quelques mois seulement de l'élection présidentielle.

Je n'ai pas réussi à convaincre le président de la République de la pertinence du cumul des fonctions de ministre de l'Intérieur avec celle de Premier ministre, il nomme donc Bruno Le Roux Place Beauvau. La nouvelle composition du dernier gouvernement du quinquennat fait l'objet d'une annonce sobre par un communiqué diffusé par la présidence de la République.

Au ministère de l'Intérieur, les équipes sont en effervescence. Les cartons ont envahi mon secrétariat et le bruit du déménagement a triomphé du silence de la maison, où tout est d'ordinaire si feutré. Dans mon propre bureau, plus rien ne demeure du décor singulier que j'y ai créé, à mesure que se sont accumulés les objets divers – photographies, médailles, objets insolites – offerts à l'occasion de mes déplacements. Des secrétaires s'enquièrent avec anxiété de leur sort. Des huissiers et des maîtres d'hôtel – qui ont appris à aimer ma famille et se sont montrés si prévenants avec elle – expriment leur tristesse. Je comprends alors que le moment est venu de quitter cette grande maison, à laquelle je suis si viscéralement attaché.

Les passations de pouvoir s'enchaînent en soirée. D'abord à Matignon, où Manuel Valls m'accueille en fin d'après-midi. Dans son bureau, il évoque le sort de ses collaborateurs, auxquels il est particulièrement attaché. Les affaires de l'État ont été évoquées chaque semaine entre nous, depuis de nombreux mois, si bien qu'à l'exception de quelques dossiers spécifiques, comme ceux des infrastructures de transport – le Lyon-Turin, le canal Seine-Nord, le Charles-de-Gaulle-Express ou l'issue des procédures en cours concernant Notre-Dame-des-Landes –, rien ne justifie que l'on se perde en longs conciliabules.

Dans la cour de l'Hôtel de Matignon, nous échangeons face à la presse des propos fidèles à ce que fut notre relation dans l'exercice du pouvoir. Manuel Valls parle de son amour de la France, de sa fierté d'avoir dirigé son gouvernement, du terrorisme qui nous a unis dans un même chagrin, partagé avec les Français. Il raille mon incompétence dans le domaine des sports collectifs, lorsqu'il aborde la question des efforts déployés au moment de l'Euro 2016 et conclut par une formule qui m'oblige : « Vous êtes un ami, vous êtes un frère. » Compte tenu de nos liens, je sais toute la sincérité de ce propos.

Pour lui répondre, j'évoque la passion de l'État que nous avons en partage et l'utilité de la période qui s'ouvre pour valoriser le bilan du quinquennat. Comme pour dompter le temps, dont j'ai peur qu'il me manque, j'inaugure une formule, que je répéterai à l'envi par la suite : « Chaque jour compte. » Oui, chaque jour compte pour protéger les Français et préparer l'avenir.

À Beauvau, la cérémonie est une épreuve. La nuit est tombée. Le froid semble pénétrer les corps et les âmes. Tous les services et leurs directeurs sont rassemblés dans la cour. Au premier rang, l'état-major, les préfets, les policiers, les gendarmes, les sapeurs-pompiers, les représentants des services sont venus témoigner de leur fidélité. Je leur dis ma gratitude, mon respect pour le travail accompli. Je leur exprime aussi ma fierté de les avoir dirigés dans des moments où ils ont été exposés à la dureté de certaines polémiques politiques ou de presse. Je souhaite à mon successeur la bienvenue et forme pour lui des vœux de réussite. Je quitte la place Beauvau avec un bouquet de fleurs, offert par un agent du ministère. Dans ma voiture, alors que mon visage n'est plus à portée des caméras, je sens mon regard s'embuer.

Quelques minutes plus tard, nous rendons visite avec mon successeur, à l'hôpital Saint-Louis, au policier Vincent Ruiz, lâchement attaqué par des criminels à Viry-Châtillon et en soins intensifs depuis de nombreuses semaines pour des brûlures profondes. Le relais est ainsi passé à Bruno Le Roux, qui mesure, dès les premiers instants, la dimension tragique de la mission qui désormais lui incombe.

Mercredi 7 décembre

Ce matin, à l'Élysée, François Hollande est préoccupé par le contenu du discours de politique générale que je prononcerai devant l'Assemblée nationale, le mercredi 13 décembre. Les quelques idées simples évoquées au moment de la passation de pouvoir à Matignon – protéger les Français et préparer l'avenir – doivent selon lui constituer l'armature d'une courte déclaration.

Dans le secret de mon bureau, juste avant ma rencontre avec le président de la République, je teste le plus sérieusement du monde, auprès de certains de mes collaborateurs, quelques formules destinées à donner du relief à ma profession de foi devant les députés. Comme l'autodérision ne va pas de soi, dans les palais où chacun vit dans la conscience de l'importance de son rôle, je ne m'y adonne que dans les situations les plus inextricables, comme on utilise parfois une soupape pour éviter que la pression ne finisse par tout faire exploser. Parodiant Laurent Fabius arrivant à Matignon en 1984, avec sa formule « Moderniser et rassembler », je suggère, pour imprimer ma marque, la formule « Terminer et abréger », qui semble davantage de circonstance. Me référant aux déclarations d'autres de mes prédécesseurs, parmi les plus grandiloquents, je soumets également à la sagacité de mon entourage le slogan « J'ai cinq mois pour changer la France. » Parmi mes nouveaux collaborateurs qui participent à ces échanges, certains se regardent, dubitatifs.

Pendant le premier conseil des ministres du dernier gouvernement du quinquennat, François Hollande rappelle chacun à son devoir de mobilisation, jusqu'au dernier instant de son mandat. Il insiste sur la nécessaire cohésion du gouvernement, dans la perspective de la primaire de la gauche, et demande aux ministres de se concentrer sur leur mission. Nous pensons ensemble que, dans la période tumultueuse qui s'ouvre, où les socialistes vont inéluctablement se déchirer, le gouvernement doit demeurer un pôle de stabilité et que nous ne pouvons ajouter au spectacle de la division de notre famille politique celui de l'abaissement de l'État.

En fin d'après-midi, Thomas de Maizière, le ministre allemand de l'Intérieur, et son homologue français me rendent visite à Matignon. Au fil du temps, une relation fraternelle s'est nouée entre nous, qui a souvent contribué à rassurer Angela Merkel et François Hollande, lorsqu'il s'est agi d'obtenir du conseil Justice-Affaires intérieures de l'Union européenne des décisions urgentes pour mieux faire face au terrorisme ou à l'ampleur de la crise migratoire. À quelques reprises, nous nous sommes retrouvés en famille à Paris ou à Dresde. Nous avons découvert ensemble des jardins ou assisté à des concerts. Le 11 janvier 2015, avant la grande marche dans les rues de Paris, Thomas était arrivé Place Beauvau pour participer à la réunion des ministres de l'Intérieur. Il m'avait glissé dans la main une petite figurine dont il m'avait dit qu'elle symbolisait la protection chez les protestants allemands. Sur mon bureau, je lui montre ce petit objet qui depuis plus de deux ans ne m'a jamais quitté.

À l'issue de cette première journée, alors qu'il est déjà tard, nous nous retrouvons avec mes plus proches collaborateurs. Sont présents ceux qui m'accompagneront au service de l'État pendant les prochains mois. Certains travaillent avec moi depuis longtemps. D'autres, qui étaient déjà au cabinet de mon prédécesseur, me rejoignent. Leur expérience m'est indispensable.

Matignon est une tour de contrôle. Or, on ne pilote pas depuis une tour de contrôle. On n'a pas les commandes entre les mains. Mais sans la coordination des plans de vol, il ne peut y avoir de trafic. Et lorsqu'on a exercé des fonctions ministérielles sans discontinuer, depuis quatre ans et demi, lorsqu'on a pris pour habitude d'aller au fond des dossiers, de questionner sans cesse, de pousser dans leurs retranchements les directeurs d'administration centrale pour prendre chaque jour des décisions opérationnelles, Matignon, dans les premières heures, laisse une impression étrange : pas d'administration, à l'exception du secrétariat général du gouvernement, pas de leviers de commande. Vous êtes seul en charge, avec votre équipe et sous l'autorité du président de la République, de la coordination de l'exécutif. Tout repose donc sur la qualité de la relation avec l'Élysée et avec les ministres, c'est-à-dire sur la confiance, qui seule permet d'identifier une route et d'anticiper les obstacles.

Dès les premières heures, la confiance s'impose à moi comme le bien le plus précieux pour tenir l'État, dans un contexte politique inédit. Mais elle ne suffit pas non plus pour un responsable politique qui croit avant tout aux vertus de l'action. Car les problèmes se présentent très vite, qui impliquent qu'on dégage les meilleures solutions. J'ai conscience que certains dossiers ne déboucheront pas nécessairement avant la fin du quinquennat, mais il est impératif de ne pas obérer l'avenir en procédant à de mauvais choix.

La plupart des sujets s'imposent d'eux-mêmes. C'est évidemment le cas pour la sécurité, au moment où le pays doit faire face à une menace élevée et assurer le bon déroulement de l'élection présidentielle et législatives. Sur les grands dossiers industriels, avec les ministres Michel Sapin, Christophe Sirugue et Myriam El Khomri, nous devrons nous battre pour éviter des restructurations ou des fermetures d'usines. Enfin, le dialogue social se poursuivra pour qu'aboutissent notamment, dans le paritarisme, les discussions entre les partenaires sociaux sur l'assurance chômage, et ce avant juin 2017.

De tout cela nous parlons librement en cette soirée, où une équipe prend ses marques en même temps que je prends les miennes.

Jeudi 8 décembre

Pour la première fois depuis ma nomination, tous les ministres sont réunis à Matignon. Chacun est une nouvelle fois rappelé aux devoirs de sa tâche, autour de François Hollande, « dans la parfaite loyauté à sa personne, aux institutions et au bilan de son quinquennat ». Le gouvernement dans son ensemble insiste sur la nécessaire cohésion de l'équipe gouvernementale dans l'exercice de l'État. Ce moment d'échange est également l'occasion d'évoquer le conseil des ministres exceptionnel qui se tiendra le samedi suivant et qui aura à traiter de la prorogation de l'état d'urgence, des mesures à prendre face au pic de pollution constaté dans certaines grandes villes et des principales orientations de ma déclaration de politique générale.

Parmi les ministres qui avaient aspiré à diriger le gouvernement, certains affichent une distance chafouine, que je feins de ne pas remarquer, tout en manifestant à leur égard la plus grande courtoisie, sous le regard amusé de Michel Sapin, que sa très longue expérience des remaniements ministériels et des espoirs déçus place naturellement en complicité avec moi.

Dans la soirée, je retrouve à Lyon Gérard Collomb et le prince Albert pour le lancement de la Fête des Lumières. Devant le patronat et les responsables des laboratoires de recherche, réunis dans une salle de l'Opéra de Lyon, Gérard Collomb, dopé par son écosystème, dresse un bilan très flatteur de la politique d'accompagnement des entreprises mise en œuvre par la métropole qu'il préside. Il invite l'État à s'inspirer de son action pour tenter de faire aussi bien, dit son espoir que cela sera possible un jour – chacun comprend alors qu'il promeut la candidature d'Emmanuel Macron – puis me rappelle à mon devoir de défendre la candidature de Lyon, en vue de l'accueil de l'Agence européenne du médicament, qui devra quitter Londres au terme du Brexit. L'élu lyonnais est madré. Il n'aime guère les oppositions ni les pouvoirs qui se partagent. Son engagement dans la campagne électorale de son jeune poulain semble lui avoir donné une nouvelle jeunesse. Il dissimule mal la jubilation de celui qui s'apprête à éradiquer tous ceux qui ont eu l'outrecuidance de penser pouvoir lui faire de l'ombre. C'est avec un plaisir d'entomologiste que je scrute les intentions et tente de percer les coups ourdis par ce personnage intelligent, qui est parvenu à incarner la modernité dans sa ville sans jamais s'interdire les recettes les plus éprouvées de la vieille politique.

À mon retour de Lyon, je réunis tard dans la soirée tout le cabinet du Premier ministre. Autour de la grande table de la salle du conseil, des visages connus, d'autres croisés sur des dossiers sensibles, d'autres encore inconnus pour l'instant. Je leur fais part de mes convictions, du sens que je veux donner à ces cinq mois, de notre responsabilité collective. J'apprendrai à connaître une équipe de femmes et d'hommes qui ont une haute idée du sens de l'État, confortée pour beaucoup par le travail auprès de Manuel Valls au cours des deux années précédentes. Ce sera pour moi une belle découverte que ces personnalités, si diverses, bien loin de l'uniformité que l'on prête aux collaborateurs ministériels. L'engagement et l'imagination seront toujours au rendez-vous.

Vendredi 9 décembre

François Fillon s'en prend au gouvernement de Manuel Valls pour avoir engagé une réforme du contrôle des services judiciaires, notamment de la Cour de cassation, dont il dit qu'elle remettra en cause l'indépendance de la justice. J'interroge Jean-Jacques Urvoas sur les motivations de cette nouvelle disposition réglementaire. Le garde des Sceaux me confirme que les contrôles instaurés ne porteront en aucun cas sur le contenu des décisions de justice, mais sur le fonctionnement des institutions qui les rendent, et que la réaction des chefs de juridiction qui s'indignent relève davantage du réflexe corporatiste que de la défense sincère de l'indépendance des magistrats. Je note que, dans cette polémique, le candidat de la droite dit son attachement à l'indépendance de la magistrature et son souhait de voir toujours respectées par le pouvoir politique les décisions qu'elle prend.

Dans l'après-midi, j'inaugure à Bordeaux les nouveaux locaux de l'Institut d'études politiques. Ce déplacement me plonge dans la nostalgie d'une jeunesse heureuse, dont les souvenirs et les émotions rejaillissent intacts à la vue des étudiants réunis en nombre pour l'occasion. Il y a là, comme reconstitué à l'identique, un décor fait de bois, de lumières douces et dorées, d'espaces vastes et sobres auxquels des équipements numériques confèrent un supplément de modernité.

Dans mon discours, j'évoque le nom de mes professeurs, mon bonheur d'avoir pu vivre, il y a plus de trente ans, au cœur du pays qui a inspiré François Mauriac, Montesquieu ou Montaigne, et dont j'ai aimé le littoral, bordé de dunes et de pins. De la sagesse qui m'a été ici léguée par la douceur d'un climat, par l'exigence de rigueur intellectuelle de professeurs parmi les meilleurs dans leurs disciplines, mais aussi par les œuvres de grands penseurs qui ont contribué à forger mon libre arbitre, j'ai essayé de tirer le meilleur profit tout au long de ma vie politique. Avec ces étudiants, qui apprennent ici trente années après moi, je veux partager un peu de ce que j'ai reçu, comme pour les convaincre de la chance qui se présente à eux et qu'il leur revient désormais de saisir.

Samedi 10 décembre

Le conseil des ministres se réunit exceptionnellement ce matin. À son ordre du jour figure le projet de loi prorogeant jusqu'au 15 juillet 2017 l'état d'urgence. L'exécutif a en effet souhaité que l'ensemble des échéances électorales, présidentielle et législatives, puissent être sécurisées par la mise en œuvre de mesures de police administrative destinées à prévenir des attaques terroristes. Le niveau de la menace demeure en effet très élevé. Parmi les informations qui émanent des services, certaines, soulignant les exhortations de passage à l'acte de l'État islamique, nous font redouter des attaques pendant les rassemblements électoraux ou le déroulement du scrutin. Ce risque sérieux, qui était l'objet de toute mon attention lorsque j'étais ministre de l'Intérieur, constitue l'une des préoccupations majeures du gouvernement.

En enjambant les scrutins à venir, jusqu'au 15 juillet 2017, nous permettons par ailleurs au président de la République et au Parlement qui en seront issus de prendre le temps de l'analyse de la menace et des décisions les plus opportunes pour y faire face.

Alors que l'efficacité de l'état d'urgence est régulièrement contestée, et que les mesures restrictives qu'il autorise dans le respect rigoureux de tous les principes constitutionnels le sont tout autant, je m'applique à rappeler les résultats qu'il a permis d'obtenir au cours des derniers mois : près de 600 armes saisies au cours de plus de 4 000 perquisitions administratives, dont 77 armes de guerre ; 17 attentats déjoués depuis le début de l'année 2016, après que 420 individus ont été interpellés sur notre sol en raison de leurs liens avec des organisations terroristes.

À la sortie du conseil des ministres, Ségolène Royal présente les mesures destinées à améliorer la qualité de l'air, après un pic de pollution inédit, qui a plus particulièrement affecté Paris, le Nord et les métropoles rhônalpines. Alors que la presse lui a reproché son silence, pendant que dans les villes la droite et la gauche s'affrontaient sur la circulation alternée, la ministre indique ne pas avoir voulu participer aux polémiques et s'en être remise aux initiatives des élus locaux : « Ce qu'il faut maintenant, c'est la révolution du transport propre, des villes responsables. Les maires doivent tenir bon… » Dans la même déclaration, il est évoqué la gratuité des péages autoroutiers pour les véhicules électriques, l'extension de la prime de conversion de 10 000 euros pour les taxis et les véhicules utilitaires légers. Parmi ces annonces, toutes n'ont pas été analysées et arbitrées dans le cadre d'un processus interministériel classique. Le ministre de l'Économie et des Finances manifeste alors par téléphone son irritation. Les arbitrages ne peuvent pas intervenir après les annonces, sauf à renoncer à ce que la parole politique engage. La déclaration de politique générale sera donc aussi un discours de la méthode.

Dimanche 11 décembre

La journée est tout entière consacrée à la préparation de la déclaration de politique générale : lecture, ratures, annotations des multiples versions rédigées par mon cabinet, réécriture de pages entières lorsque le texte s'éloigne de moi, au point de me devenir étranger… La relation aux discours, aux correspondances, aux mots posés sur la page blanche est souvent névrotique et le temps manque toujours pour parvenir à ce degré de perfection sans lequel on se sent en risque.

Pour ne pas me divertir de l'indispensable ascèse, je me suis réfugié à Souzy-la-Briche, dans la résidence du Premier ministre, qui fut jadis occupée par François Mitterrand. La grande maison est plantée à l'orée d'un vaste parc, dont la beauté des lumières et des perspectives doit beaucoup à quelques pièces d'eau, alimentées par des rus invisibles, étouffés par les hautes herbes, ainsi qu'à une petite chapelle de style néogothique où reposent, avec leur chien, les anciens propriétaires des lieux.

Pour ceux qui croient aux forces de l'esprit, ce domaine a vu l'âme des morts s'emparer des maisons, des arbres et des paysages, pour leur conférer cette dimension d'éternité sereine.

Le gardien du domaine a bien connu François Mitterrand. Il éprouve pour la période où il séjournait régulièrement à Souzy, avec Anne Pingeot et leur fille Mazarine, un sentiment profond de nostalgie. Pendant les promenades que nous faisons alentour, il m'accompagne avec le souci de me faire découvrir des chemins, des lieux-dits, des arbres dont il sait l'intérêt qu'ils éveillent toujours en moi. Alors que je l'interroge sur une espèce de houx sauvage, dont je ne connais pas le nom et que je trouve anormalement rabougri, il me dit avoir jadis suggéré au président Mitterrand d'abattre un arbre, au prétexte qu'il était moche et n'avait plus de forme. Il s'était alors entendu répondre qu'on ne pouvait abattre tout ce qui, dans la nature, était difforme et disgracieux, sauf à prendre le risque d'en finir avec nous-mêmes.

Lundi 12 décembre

Au ministère de l'Intérieur, l'instance de dialogue avec l'Islam de France se réunit. Ce nouvel espace d'échanges a été créé au lendemain des attentats de 2015, afin de soutenir l'ancrage dans la République de nos compatriotes de confession musulmane. En quelques mois, des progrès importants ont été accomplis, qui ont permis la création d'une Fondation pour l'Islam de France, dont la présidence a été confiée à Jean-Pierre Chevènement, en dépit de quelques réticences vite écartées.

Ce matin, il appartient à Bruno Le Roux de dresser le bilan des étapes qui doivent encore être franchies pour consolider l'édifice et parvenir à la création d'une association cultuelle, dont le rôle sera d'assurer la transparence du financement des mosquées, en évitant le plus possible le recours aux contributions étrangères. La délicate question de la formation des imams est également abordée, bien que, sur ce sujet, l'État ait donné l'impulsion décisive, en créant plus de treize diplômes universitaires, destinés à compléter leurs connaissances du fonctionnement des institutions républicaines.

Tous ceux qui s'expriment ce matin rappellent qu'il n'existe pas de fondamentalisme pacifique, d'intégrisme modéré ni de salafisme anodin et que nous devons être unis par un devoir de lucidité face aux processus de radicalisation violente. En effet, dans certaines mosquées, comme sur certains sites Internet, un discours d'enfermement communautariste et d'intimidation prospère, qui peut à juste titre finir par diviser nos compatriotes. Ces replis sectaires heurtent par ailleurs l'islam républicain et paisible que pratiquent plusieurs millions de nos concitoyens de confession musulmane. Ils préparent les esprits à l'apologie de la violence. La détermination du gouvernement à opposer la plus grande fermeté aux discours de certains imams autoproclamés s'est traduite depuis des mois par la dissolution des associations et des lieux de culte qui appelaient à la haine et provoquaient au terrorisme.

Dans l'Ariège, à la nuit tombée, sous un chapiteau posé le long d'une route que nous venons d'inaugurer, le programme économique et social de François Fillon est à l'ordre du jour.

La présence d'élus, de fonctionnaires issus des services déconcentrés de l'État, est l'occasion d'une mise en garde, qui est aussi une mise en bouche de ma déclaration de politique générale : « Sans le dévouement des fonctionnaires, rien ne serait possible de ce qui est essentiel pour les territoires et supprimer 500 000 fonctionnaires dans l'État, c'est organiser méthodiquement l'incapacité de ceux qui y demeureront à remplir leurs missions. C'est la raison pour laquelle mon gouvernement ne propose pas que l'on supprime des centaines de milliers de postes de fonctionnaires en quelques mois, en faisant subir au pays une véritable purge. Non qu'il ne faille pas que l'État se modernise, qu'il se transforme, mais je ne confonds pas, pour ma part, la nécessaire performance que doivent les services publics à la Nation avec la volonté de les faire disparaître… »

De retour à Paris, il me faut désormais boucler la déclaration de politique générale. Sur mon bureau, de nouveaux papiers inachevés me laissent sur ma faim. Mon fils Nathan arrive à Matignon vers 22 heures, avec un discours qu'il a rédigé. Son texte est de belle facture, en dépit de son orientation parfois frondeuse et de sa longueur excessive. L'élégance du style et quelques fulgurances politiques contrastent avec l'aridité des moutures plus classiques que l'on me soumet volontiers. Avec la fougue de ses vingt ans, il se bat pour me convaincre d'aborder davantage les questions écologiques ou les enjeux liés à l'organisation du travail, face à la robotisation ou à la numérisation de l'économie. La force de sa sincérité et son implacable rigueur parviennent parfois à me convaincre. Il en résulte de la fierté.

Après son départ, pour mettre un point final à l'exercice, je poursuis avec mon conseiller pour les discours et les études. Ses talents de plume sont incontestables, mais il ne parvient à les exprimer pleinement qu'à la dernière minute, c'est-à-dire quand les délais de remise du discours sont presque forclos.

Très tôt le matin, des ratures, des renvois, des mots intercalés entre des mots sur une copie martyrisée témoignent d'un travail encore inachevé. Il me faut dormir quelques heures, dans l'incapacité où je me trouve, pour l'instant, de conclure.

Mardi 13 décembre

Le matin tôt, mon cabinet est morigéné de belle manière pour ne pas avoir ménagé le temps nécessaire à la préparation de ma déclaration de politique générale. La nuit a été trop courte. La fatigue m'a gagné dès le réveil, si bien que le caractère s'en trouve altéré. Le président de la République m'appelle vers 8 heures. Il veut savoir si je suis prêt. Alors qu'il n'en est rien, je lui réponds avec aplomb que tout va pour le mieux et lui propose d'envoyer à son secrétariat, aux alentours de 10 heures, une version définitive du discours. Il pourra ainsi en prendre connaissance et me faire part de ses remarques.

Pendant deux heures, dans mon bureau, je retravaille le texte. J'en déclame certains passages, afin de m'assurer de la fluidité de son style. J'attache également du prix à la construction du raisonnement, car, si je n'espère pas convaincre l'opposition du bien-fondé de mon propos, je n'entends pas non plus lui offrir la moindre opportunité de me mettre en cause, de bonne foi. Enfin, je soigne la prosodie du discours, car la musique d'un texte constitue aussi ce par quoi un auditoire peut s'accrocher jusqu'au bout.

Lorsque j'arrive au Parlement, ma concentration est extrême, au point que, dans la masse que constitue cette assemblée, je ne distingue personne en particulier, pas même ceux qui me saluent fraternellement et auxquels je réponds par des formules convenues, qui ne disent rien de l'amitié qui me lie pourtant à certains d'entre eux.

Au banc des ministres, une partie de mes collègues a pris place. L'autre partie est au Sénat, où Jean-Marc Ayrault doit lire ma déclaration. Quelques-uns me disent leurs encouragements. Certains, qui constituent le tout petit cercle de ceux qui auraient aimé prononcer cette déclaration à ma place, ne me disent rien.

Quelques minutes avant que la séance ne s'ouvre, je pense à Pierre Mendès France, au discours d'investiture qu'il prononça à l'Assemblée nationale le 17 juin 1954, à la rigueur intellectuelle qui était sa marque, au peu de temps qui lui a été donné. C'est son exemple qui m'inspire au moment où je monte à la tribune de l'Assemblée nationale pour dire ce que j'entends faire des six mois dont je dispose.

En évoquant, en ouverture de ma déclaration, la tragédie humanitaire qui frappe les femmes et les enfants d'Alep, après trois mois d'un siège où les exactions se sont multipliées, en dénonçant les crimes abjects du régime de Bachar el-Assad contre son propre peuple, je contrarie visiblement le projet de certains députés d'ouvrir immédiatement les hostilités. Mais à peine suis-je passé au sujet suivant, qui concerne l'état du pays ou les initiatives à prendre encore pour protéger les Français et préparer leur avenir, que la droite, mobilisée pour la victoire de François Fillon en laquelle elle croit, organise le vacarme en recourant aux invectives, avec pour objectif de me déstabiliser. La présidence de séance, assurée par Claude Bartolone, ne déploie que peu d'énergie pour les empêcher d'atteindre leur but, non pour m'être désagréable, mais parce que ce relâchement du principe de respect dans l'hémicycle est ancien et ne choque plus personne depuis longtemps, à l'exception de certains de nos compatriotes excédés. Je dois donc tenter d'aller au terme de ma déclaration, imperturbable, en forçant ma voix, en changeant parfois de tonalité et en ne perdant pas de vue cette assemblée érigée en volière vitupérante.

Lorsque je lève les yeux du pupitre, ce sont des images fugaces de visages qui me parviennent, la bouche grande ouverte, ou figés dans un rictus, comme sur des gravures anciennes qui représenteraient des personnages, dans un cabinet de curiosités. D'autres flashs donnent à voir des bras levés, des doigts pointés, des bustes dressés ou penchés, censés exprimer une indignation venue d'on ne sait où et destinée à faire prévaloir on ne sait quoi. À mesure que je déroule mon discours, et que le vacarme s'élève en mur sonore infranchissable, j'éprouve la sensation désagréable de me trouver emprisonné au cœur d'un labyrinthe sans issue, dont tous les murs seraient tapissés de caricatures de personnages hurlants, restitués dans toute leur vérité par le crayon talentueux et sans concessions d'Honoré Daumier.

Mes propres mots résonnent en moi, butent sur ma tempe, décuplent l'effet des battements de mon cœur. J'ai le sentiment de participer aux derniers cent mètres d'un marathon, lorsque, dans l'évocation de Jean Jaurès, j'aborde la fin. « À cette tribune, devant les représentants de la nation, je songe à celui qui fut l'un des hommes les plus admirables qui aient siégé dans cet hémicycle et à l'exigeant message qu'il délivra aux élèves du lycée d'Albi, un jour de 1903. Ce jour-là, Jaurès, qui avait quarante-cinq ans, qui venait d'être élu député de Carmaux, s'est adressé à la jeunesse de France et, par-delà le temps, s'est adressé à nous, et voilà ce qu'il nous a dit : “Le courage, c'est de se donner aux grandes causes sans savoir quelle récompense réserve à notre effort l'univers profond ni s'il réserve une récompense...” L'engagement ne se compte pas en mois ni le dévouement en semaines. L'engagement et le dévouement ne cherchent pas la récompense, ils s'estiment en réformes poursuivies, en actions menées, en progrès accomplis. Et dans les mois qui sont devant nous, je vous propose de nous consacrer aux grandes causes. Et il n'en est pas de plus grande que de servir notre pays. »

La majorité m'applaudit debout, au moment où je quitte la tribune pour rejoindre les bancs du gouvernement. La confiance est votée, y compris par les frondeurs. Pascal Cherki va jusqu'à déclarer que la fronde est terminée. Je n'en éprouve aucune satisfaction, car les dégâts de cinq ans d'indiscipline et de contestation systématique ont fini par avoir raison de la candidature de François Hollande, et du bilan de son quinquennat. Je ne peux m'empêcher de penser qu'en m'octroyant si ostensiblement leur confiance beaucoup d'entre eux ont surtout voulu rappeler qu'ils ne l'avaient pas donnée à mon prédécesseur, Manuel Valls, dont ils entendent désormais organiser la défaite à la primaire de la Belle Alliance populaire. Le goût de la tactique, au service d'objectifs dérisoires, finit par priver les grandes organisations politiques de l'élan collectif qui fait les grands desseins. Et il ne demeure plus alors en leur sein que quelques ambitieux dépourvus de grandes ambitions, comme aimait à le dire Alexis de Tocqueville.

Mercredi 14 décembre

Un débat de politique générale est organisé au Sénat, où le climat contraste souvent avec le tohubohu de l'Assemblée nationale. Débarrassé du formalisme excessif du discours de la veille, il est désormais possible de se laisser aller à son bon plaisir : convaincre ses interlocuteurs par la seule force du verbe, en les regardant droit dans les yeux et en les reprenant à la volée, si nécessaire… Le film *Le Président*, dans lequel Jean Gabin se livre à quelques brillants exercices rhétoriques, en mettant les rieurs de son côté, constitue, de ce point de vue, une inépuisable source d'inspiration.

Comme les interventions des représentants des groupes politiques sont rédigées avant même qu'ait été prononcé le discours auquel elles sont supposées répondre, c'est dans la conclusion du débat, dont le privilège revient au ministre, que se trouve l'opportunité d'en découdre.

Au Sénat, la droite a décidé de me mettre en difficulté, en exigeant l'évacuation immédiate de la « zone à défendre » – ZAD – de Notre-Dame-des-Landes. Elle voit là une occasion de se positionner avantageusement sur l'un de ses thèmes de prédilection, celui de l'autorité de l'État. Il est vrai qu'un référendum a été organisé à l'initiative de l'exécutif, au mois de juin 2016, que ses résultats ont été sans ambiguïté, que les tribunaux n'ont fait droit à aucun des recours déposés par les opposants au projet et que les procédures pendantes devant les instances européennes ne sont pas de nature à empêcher le commencement des travaux. Il est vrai, également, que Manuel Valls a pris position en faveur de l'évacuation de la ZAD juste avant de quitter Matignon, alors même qu'à maintes reprises je lui avais fait part de mes plus grandes réserves sur la possibilité d'y parvenir sans mettre en danger l'intégrité physique des zadistes comme des forces de l'ordre.

Pour avoir depuis de nombreux mois analysé toutes les hypothèses, je sais que le nombre d'unités de forces mobiles nécessaires à cette opération à haut risque obérerait l'efficacité de notre action sur le front antiterroriste, mais aussi aux frontières. J'ai imaginé le scénario où une attaque terroriste surviendrait, alors qu'un tiers au moins de nos moyens seraient mobilisés à Notre-Dame-des-Landes, dans un contexte de violences extrêmes. Si cette évacuation est souhaitable et doit être planifiée, elle ne peut donc intervenir que dans la plus grande maîtrise, et au moment le plus opportun.

C'est donc ce raisonnement qui préside à ma réponse à la droite lorsque, prévisible comme à l'accoutumée, elle décide de m'interpeller. On ne peut non plus ignorer la violence sans limite de certains groupes d'extrême gauche, infiltrés parmi des militants sincères, et qui les exposent, comme les forces de l'ordre, aux risques les plus grands. Depuis l'automne 2014, le souvenir de la mort tragique de Rémi Fraisse à Sivens ne me quitte pas, mais pas non plus les exactions commises pendant les manifestations contre la loi Travail par des casseurs organisés pour en découdre avec les forces l'ordre. L'expérience m'a appris que le respect de l'autorité de l'État ne saurait se contenter d'incantations. Dans les moments les plus difficiles, lorsque l'essentiel est en jeu, c'est-à-dire la protection des Français face à une menace inédite et la défense de l'ordre public face à des formes nouvelles d'extrémisme violent, la planification est nécessaire, la maîtrise est une vertu et la sagesse une condition de la résistance face à tous ceux pour qui le désordre constitue un terreau fertile de prospérité politique.

Jeudi 15 décembre 2015

À ma grande surprise, Manuel Valls a annoncé ce matin, sur France Inter, son souhait de supprimer le recours à l'article 49-3 de la Constitution, sauf pour les textes budgétaires, alors même que, pendant le quinquennat, nous y avons eu recours de temps à autre. Je ne sais qui a lui suggéré un tel positionnement, mais je le désapprouve pour trois raisons : la première est qu'il n'est jamais bon de renoncer aux instruments de l'autorité, si on a décidé de faire de l'autorité sa marque. La seconde est que, à trop désarmer l'exécutif face aux autres pouvoirs constitués, ce n'est pas la démocratie qu'on renforce, c'est l'autorité de l'État qu'on prend le risque d'affaiblir, notamment face aux nouvelles formes de contestation violente. La troisième est qu'il n'est jamais bon, au début d'un combat, de faire une concession à l'esprit de ceux que l'on est censé vaincre.

Voilà quel aurait été mon avis si on l'avait sollicité. Ce que je sais de la pensée profonde de Manuel Valls, de sa personnalité, et qui me fait l'estimer, l'aurait conduit, sans nul doute, à m'approuver. De là vient peut-être qu'il ne m'a pas consulté.

Vendredi 16 décembre

Cherbourg.

J'y retrouve celles et ceux qui m'ont accompagné tout au long de mon parcours politique. Depuis ma nomination au gouvernement, en 2012, beaucoup de ceux qui me soutenaient au moment de mon arrivée, voilà plus de vingt-cinq ans, éprouvent un sentiment de fierté. Ils le manifestent à chacune de mes venues, avec toute la retenue des gens d'ici. D'autres, qui m'avaient témoigné de l'hostilité dès l'origine, se sont peu à peu adoucis, à mesure que les difficultés, les élections ou les projets qui nous rassemblaient dans une même passion du territoire faisaient naître entre nous des sentiments d'amitié.

Dans les salons Art déco de la Cité de la mer, où tous les invités du maire de Cherbourg-en-Cotentin se sont rassemblés, une foule compacte est venue partager avec moi le bonheur simple des retrouvailles. Dans ces lieux où la nostalgie affleure partout, inspirée par des rêves d'épopées transatlantiques, on sent encore la présence des stars qui, de Charlie Chaplin à Joséphine Baker, sont venues jadis à la rencontre du Vieux Continent en commençant par fouler le sol de Cherbourg. De ces images d'archives diffusées pour les visiteurs sur les murs de la salle des bagages et qui restituent l'insouciance d'une élite artistique, mais aussi d'une époque, on garde surtout en mémoire celles, très poignantes, des milliers de migrants qui transitaient par Cherbourg pour se rendre aux Amériques, dans l'espoir de jours meilleurs.

Le moment est opportun pour exprimer ma gratitude à mes amis, qui ne m'ont jamais manqué, notamment au moment des attaques terroristes, et pour dire mon indéfectible fidélité au Cotentin, à ceux qui y vivent. Le temps est peut-être venu aussi de permettre aux ambitions de se révéler sans mauvaise conscience : il faut qu'à l'avenir on puisse compter sur moi, mais que nul ne soit effrayé à la perspective d'une présence trop envahissante. Pour l'heure, chaque journée compte triple, depuis mon arrivée à Matignon, ce qui a pour avantage d'aligner arithmétiquement la durée de ma mission sur celle de la plupart de mes prédécesseurs.

Dans la foule où je me fonds enfin, des bras s'ouvrent et m'enserrent, des embrassades interminables mêlées à de brefs échanges sur l'âge de mes enfants, leur scolarité, le moral du président Hollande me permettent à mon tour de prendre des nouvelles de chacun avec une joie que je ne retiens pas.

Lundi 19 décembre

Petit-déjeuner avec Pierre Moscovici.

Pendant toute la période où j'ai été ministre délégué au Budget auprès de lui, nos relations ont été chaotiques. J'en ai longtemps imputé la raison à ma trop grande proximité avec François Hollande. Mais c'était compter sans la mystérieuse alchimie des relations humaines, qui fait que la confiance est spontanée, ou au contraire qu'elle se cherche longtemps sans jamais parvenir à se trouver, faute d'atomes crochus ou de centres d'intérêt communs. Les choses ont donc toujours été difficiles entre nous. Et lorsque nous avons cherché à les simplifier, elles se sont compliquées davantage encore.

La journaliste Anna Cabana, qui avait reçu les confidences de Pierre Moscovici, avait raconté dans un livre tout le mal qu'il pouvait penser de moi, notamment des relations que j'entretenais avec le président de la République, ce qui avait contribué à confirmer mes premières intuitions. Mais, curieusement, en dépit de ce qui aurait pu nous fâcher à tout jamais, je le voyais volontiers, car son intelligence agile produisait de séduisantes analyses, articulées à des références puisées au creuset d'une grande culture. Bref, malgré un mauvais départ que nous n'étions jamais parvenus à corriger, nous n'avions jamais cessé de nous parler. Et nos rencontres, qui avaient fini par m'être agréables, m'étaient aussi devenues utiles.

Après l'avoir rassuré sur la détermination du gouvernement à tenir ses objectifs de déficit, je l'interroge sur la situation politique intérieure. Intarissable comme à l'accoutumée, il me fait part de ses inquiétudes sur l'issue des primaires et exprime les réserves que lui inspire la candidature de Manuel Valls. Il ne le pense pas en situation de rassembler, pour des raisons qui tiennent aux positions qu'il a prises au moment du débat sur la déchéance de la nationalité ou sur la loi Travail. Je l'écoute et, comme je le soupçonne de soutenir la candidature de Vincent Peillon, qui s'est déclaré le 11 décembre, je lui fais part du risque que fait courir cette initiative inattendue sur l'issue de la primaire, en fracturant inutilement la gauche de gouvernement. Il élude et me quitte en pestant contre tous ceux qui ont empêché François Hollande de se représenter. Il est sincère et il sait que nous partageons ce regret.

En fin de journée, une courte visite à Wissous, dans l'Essonne, sur le site de la plate-forme logistique de la FNAC, permet de valoriser l'impact sur l'emploi du pacte de responsabilité. Accueilli par son président, Alexandre Bompard, je déambule dans un labyrinthe de livres et de produits culturels où s'affairent des employés, méthodiques et discrets. Sur une étagère, je découvre un livre de botanique consacré aux jardins anglais. Je m'y plonge et m'y perds, sous le regard amusé des employés qui me reconnaissent.

Dans la soirée, un camion de 38 tonnes, immatriculé à Gdańsk, fonce sur la foule qui déambule à Berlin, au cœur d'un marché de Noël. Le premier bilan fait état d'au moins neuf morts et d'une cinquantaine de blessés. La piste terroriste est privilégiée. Je contacte immédiatement Thomas de Maizière pour lui dire ma solidarité. Notre échange est bref, mais suffit à me faire mesurer, une fois encore, sa solidité face à la tragédie et le sens profond qu'il a de l'État. Nous convenons de nous reparler ultérieurement, lorsque des informations fiables sur le profil du terroriste auront été réunies par les enquêteurs. Dans la foulée, un contact téléphonique avec le ministre de l'Intérieur et le président de la République permet d'évoquer les dispositions à prendre dans ces circonstances. François Hollande souhaite qu'elles soient abordées au conseil de défense du mercredi suivant et me demande d'en préparer le contenu.

Mardi 20 décembre

Le président sénégalais, Macky Sall, est reçu au palais de l'Élysée par François Hollande. La lutte antiterroriste est à l'ordre du jour des entretiens bilatéraux. Entre le continent africain et François Hollande, une relation de confiance s'est nouée depuis que la France a décidé d'intervenir au Mali afin d'éviter que ce pays ne soit emporté par la violence terroriste et ne sombre dans le chaos.

Les deux présidents affichent, face à leurs ministres, une complicité naturelle où le tutoiement est de mise. Au cours des cinq dernières années, les coopérations se sont développées dans la bande sahélienne entre notre pays et certains de ses partenaires africains, parmi lesquels le Mali, la Mauritanie, le Burkina Faso, le Niger et le Tchad. Dans les domaines du contrôle aux frontières, de la lutte contre la fraude documentaire ou du démantèlement du trafic d'armes, sur le sujet de la formation des services de renseignement et des forces d'intervention spécialisées, les ministères de l'Intérieur français et espagnol ont engagé des programmes structurants pour lutter plus efficacement contre les groupes armés terroristes qui, à l'instar de Boko Haram, sèment la terreur et la désolation.

Cette présence active, dans ma responsabilité de ministre de l'Intérieur, auprès des gouvernements éprouvés par la violence djihadiste, a contribué à créer avec certains d'entre eux des liens de confiance. Mais c'est avec le président sénégalais qu'une relation personnelle d'amitié s'est nouée, dans l'évocation d'abord de mes racines normandes, qui semblaient réveiller en lui le souvenir de Léopold Sédar Senghor coulant une longue et douce retraite à distance du pouvoir à Verson, dans le Calvados.

J'avais fêté, en Normandie, le centième anniversaire de la naissance du poète, en 2004, en présence de son prédécesseur, Abdou Diouf. Là aussi, l'amitié était née de cette rencontre, à tel point qu'il disait me considérer comme son neveu et mon épouse comme sa nièce. Mme Diouf était donc devenue notre « Tante Elisabeth » et régulièrement, pour nous manifester son affection, le couple Diouf nous régalait de succulents babas au rhum. Plus tard, j'apprendrai du président Diouf qu'il avait connu l'addiction aux babas au rhum et qu'il s'en était sevré en consommant, plus modérément, des madeleines de Commercy.

Lorsque nous nous retrouvons en petit comité au terme de notre réunion bilatérale, Macky Sall dit à François Hollande notre amitié singulière, qui résulte selon lui de ma passion pour la Casamance, plus particulièrement pour la province de Coubalan, où Cherbourg se trouve engagée depuis plus de vingt ans par un programme de coopération décentralisée. Il évoque ma maîtrise encore imparfaite du diola et ma récente promotion dans l'Ordre national du Lion comme un prélude à mon accession à la nationalité sénégalaise, puisque je suis « le plus sénégalais des ministres français ». Le président me regarde, amusé. Lorsque tout le monde est parti, et que nous sommes en tête-à-tête, il m'avoue avoir compris mon jeu, qui consiste à poursuivre au Sénégal ma carrière ministérielle pour le cas – fort peu probable – où elle viendrait à s'interrompre en France. C'est ainsi que la dérision nous prépare à notre inéluctable départ du pouvoir.

Mercredi 21 décembre

La journée commence par un conseil de défense, presque exclusivement consacré à la lutte antiterroriste, quelques jours seulement après l'attentat de Berlin. Hier soir, au journal télévisé, j'ai dû de nouveau rappeler le niveau particulièrement élevé de la menace et les mesures prises pour y faire face : la mobilisation permanente de 70 unités de forces mobiles à l'intérieur du territoire national, pour sécuriser les grandes manifestations, notamment les marchés de Noël, mais aussi pour assurer la surveillance des frontières. Depuis le 13 novembre 2015, plus de 80 millions de personnes ont ainsi été contrôlées et plusieurs dizaines de milliers ont été empêchées d'entrer sur le territoire national. En 2016, plus de 400 personnes suspectées d'être en lien avec une entreprise terroriste ont été arrêtées.

En France et en Allemagne, l'extrême droite se déchaîne. Elle cible plus particulièrement la chancelière Angela Merkel, accusée d'avoir encouragé la venue de terroristes sur le sol européen par une « politique migratoire laxiste ». Chaque attentat est désormais l'occasion pour le Front national et l'AFD de préconiser le rétablissement des contrôles aux frontières intérieures, alors qu'il a cours en France depuis plus d'un an. L'instauration de contrôles aux frontières extérieures est également exigée, bien que, pour la première fois de son histoire, l'agence européenne Frontex y concourt après avoir été dotée d'un budget de plus de 250 millions d'euros et de près de 1 700 garde-côtes et garde-frontières. Aucune des mesures antiterroristes proposées à l'Assemblée nationale depuis quatre ans par les gouvernements successifs de François Hollande, n'a fait l'objet du moindre soutien de la part de l'extrême droite française, car les peurs engendrées par la violence djihadiste constituent le terreau de sa prospérité politique, le levier des funestes divisions qu'elle cherche à instaurer au cœur de la nation. Quant au registre des passagers aériens, le PNR, le Front national et sa présidente l'ont toujours combattu.

En fin de journée, les familles des chrétiens d'Orient se retrouvent à Matignon pour un arbre de Noël. Les enfants de la communauté assyro-chaldéenne sont venus en nombre. Parmi eux se trouve une jeune adolescente syrienne dont les parents ont été assassinés par les monstres de l'État islamique. Son regard révèle une âme inconsolable. Saisi par l'immensité de son chagrin, je m'adresse à elle pour dire à l'assistance la détermination du gouvernement à garantir l'accueil des persécutés de Daech, mais aussi des victimes du tyran Bachar el-Assad, qui extermine méthodiquement son propre peuple. Après que des chants ont été entonnés par un chœur d'enfants, que des dessins m'ont été offerts qui racontent le déracinement et les souffrances longtemps endurées, chaque enfant reçoit un cadeau, qu'il vient chercher à l'énoncé de son nom. Sous les ors de Matignon, où tout est étincelant comme dans les plus beaux contes de Noël, une paisible cérémonie s'achève, qui a vu l'intensité d'une détresse, née des peines accumulées, s'ouvrir sur un bonheur fugace.

Jeudi 22 décembre

À l'hôpital d'instruction des armées de Percy, les soldats français, gravement blessés dans le cadre des opérations extérieures, sont pris en charge par des médecins dont le dévouement se perçoit dès les premiers instants. Ils me racontent le réconfort psychologique apporté aux militaires et à leurs familles, l'organisation des soins de suite dont ils pourront bénéficier, plus tard, dans les meilleurs établissements de rééducation fonctionnelle. Dans chaque chambre, les visages sont marqués par la souffrance. Parfois les corps sont mutilés. Certains soldats me parlent lucidement de la vie nouvelle de grand invalide à laquelle ils se préparent. Tous ces récits racontent leurs exploits de héros anonymes. Dans la modestie de leur comportement, on discerne d'abord le sens du devoir et l'amour qu'ils éprouvent pour leur pays. Face à eux prévaut un sentiment de gratitude et d'humble respect.

Dans la journée, le Parlement s'apprête à voter les ultimes textes budgétaires de la législature. Le secrétaire d'État au Budget, Christian Eckert, fait part aux députés de sa fierté d'avoir contribué à la réduction des déficits publics pendant le quinquennat, tout en diminuant l'impôt des contribuables les plus modestes, depuis 2015. La droite conteste bruyamment la réduction des déficits. L'opposition ne va certes pas jusqu'à affirmer qu'ils ont augmenté, mais, sous prétexte que leur diminution n'a pas suivi scrupuleusement la trajectoire négociée avec les institutions européennes, qui ne nous font par ailleurs aucun reproche, elle conteste la sincérité de nos comptes et distille ses conseils en tentant de faire oublier son bilan. Alors qu'en 2007 François Fillon avait fait le constat d'une France en faillite et que ses gouvernements s'étaient révélés impuissants à éviter une augmentation de 170 milliards d'euros de la dépense publique en cinq ans, ceux qui soutiennent aujourd'hui sa candidature à l'élection présidentielle administrent des ordonnances, dans le but proclamé de guérir un malade dont ils ont pourtant contribué à détériorer l'état de santé.

Si l'opposition s'estime dans son rôle en soumettant le gouvernement à ce feu nourri de critiques, la fronde issue de la majorité n'est pas dans le sien en contestant, jusqu'à cette ultime séance, la plupart des choix budgétaires et fiscaux du gouvernement. Depuis cinq ans, je regarde les frondeurs agir sur les principaux sujets où la responsabilité de l'exécutif est engagée. À chaque moment essentiel pour le pays, avec une juvénilité sur laquelle les Français ont fini par porter un regard sévère, ils ont pris les postures les plus prévisibles, éprouvé leur bonne conscience dans un gauchisme jubilatoire et délivré des certificats d'authenticité à la vraie gauche, la pure, celle qui ne s'abaisse jamais à confronter ses idéaux à la dure réalité du pouvoir. Au moment des débats sur l'état d'urgence, lorsque pendant la « loi Travail » les opérations de maintien de l'ordre ont opposé des casseurs à des policiers devenus des cibles, remettant au cœur du débat public la question des violences policières, je les ai vus procéder aux mises en cause d'usage en alignant méticuleusement leurs positions sur celles des organisations les plus contestataires. Celles dont François Mitterrand disait cruellement qu'elles constituent l'école du vice.

Vendredi 23 décembre

Avec les ministres Emmanuelle Cosse et Ségolène Neuville, nous visitons le centre d'hébergement d'urgence d'Emmaüs, dans le dixième arrondissement de Paris. Dans un immeuble rénové de plusieurs étages, dont les corridors s'organisent en colimaçon autour d'un puits de lumière, les militants associatifs et les travailleurs sociaux coordonnent leurs efforts pour soulager la détresse de personnes vulnérables. Au dernier étage, un palier dessert des chambres minuscules où sont hébergés les résidents des lieux. Dans une pièce de quinze mètres carrés, deux femmes ont soigneusement rangé leurs affaires sur des étagères posées au-dessus de leurs lits. L'ordre méticuleux qui règne dans cette chambre simple atténue le sentiment de promiscuité qui vous saisit dès l'arrivée. Elles ont été victimes de violences conjugales et ont quitté brutalement leurs domiciles avec simplement quelques affaires rapidement rassemblées dans un sac. De leurs vies passées ne demeure que le souvenir des maltraitances subies et du harcèlement enduré, jusqu'à la perte absolue de confiance en elles-mêmes.

À un autre étage, dans une grande pièce qui sert de réfectoire, des personnes sans domicile fixe et des migrants partagent un petit-déjeuner improvisé, agrémenté d'un jus de gingembre préparé par un résident africain. On me parle alors de la peur du froid et des dangers de la nuit, lorsque l'alcool et la détresse se conjuguent pour provoquer la violence. Les maraudeurs, les travailleurs sociaux, les médecins agissent alors ensemble, en coordonnant leurs efforts au sein d'associations animées par d'infatigables bénévoles : « La vie, le malheur, l'isolement, l'abandon, la pauvreté, sont des champs de bataille qui ont leurs héros ; héros obscurs plus grands parfois que les héros illustres », écrivait déjà Victor Hugo, dans *Les Misérables*.

Au cours du quinquennat, le nombre de places d'hébergement d'urgence sera passé de moins de 80 000 en 2012 à plus de 120 000 à la fin de l'année 2016, tandis que le nombre de logements adaptés aura augmenté de plus de 40 %. Le plan de lutte contre la grande pauvreté, initié par Jean-Marc Ayrault et poursuivi par ses successeurs, aura permis de mieux soutenir nos compatriotes en situation de grande précarité, qu'il s'agisse de l'augmentation de 10 % du RSA-socle, de la création de la prime d'activité, de l'extension de la garantie-jeune, de la revalorisation annuelle de l'allocation de soutien familial et du complément familial… Alors que certains, à gauche, profitent des primaires pour éreinter notre bilan, les associations qui agissent quotidiennement aux côtés des plus vulnérables s'inquiètent de le voir mis à mal par la droite, dans la plus grande indifférence d'une presse qui souhaite avant tout que le système « turbule ».

De retour à Matignon, mon cabinet me confirme que l'auteur de l'attentat de Berlin, Anis Amri, a été abattu dans la nuit, à l'occasion d'un contrôle inopiné de la police italienne, à proximité de la gare de Milan. Ceux qui l'ont neutralisé ont indiqué qu'il avait peu d'effets personnels en sa possession, aucun papier, juste un pistolet, un petit couteau et quelques centaines d'euros. « Il était un fantôme », ont-ils ajouté. Un billet de train a été retrouvé dans ses bagages, qui révèle les étapes de son périple depuis l'Allemagne : il serait monté dans un train à Chambéry, puis serait passé par Turin, ultime escale avant son arrivée à Milan.

À Berlin, les polémiques montent sur les conséquences à tirer de l'attentat. Elles mettent en cause classiquement « les dysfonctionnements inquiétants de l'administration et de la surveillance policière » à chaque étape du drame, alors que le terroriste était depuis longtemps connu pour sa radicalisation et sa dangerosité. Un expert du King's College de Londres parle d'un échec systémique des dispositifs de lutte antiterroriste en Allemagne.

Certains observateurs français étant toujours prompts à dénoncer les « failles des services », je les crois capables d'exploiter l'attaque terroriste survenue Outre-Rhin pour cibler l'incurie du renseignement français, coupable à leurs yeux de n'avoir pas décelé le passage d'Anis Amri en France et procédé à son arrestation à Chambéry, ou ailleurs. Un attentat survenu à Berlin offrirait ainsi le prétexte à un procès en manquements graves des dispositifs français, orchestré à partir de Paris. Certains de ces experts ayant toujours été les premiers, par ailleurs, à dénoncer les décisions prises pour rehausser les moyens de la lutte antiterroriste au nom de la nécessaire protection des citoyens contre les dangers de la surveillance de masse, je n'entends pas laisser prospérer le moindre doute sur l'engagement total de l'État afin de garantir la protection des Français.

Samedi 24 décembre

L'approche de Noël suscite notre anxiété, car la menace terroriste qui plane sur l'Europe peut à tout moment venir endeuiller notre pays. La vigilance la plus grande a présidé, depuis des semaines, à l'organisation des forces de sécurité intérieure et des militaires de l'opération Sentinelle, à proximité des grands rassemblements et des lieux de culte où se retrouveront pour la messe de minuit des milliers de Français. Avec le ministre de l'Intérieur, qui ne ménage pas sa peine, un dispositif d'information en continu de l'Élysée et de Matignon a été mis en place, qui permet de suivre, heure par heure, le déploiement de nos dispositifs de sécurité.

Lundi 26 décembre

Le président de la République m'appelle aux aurores pour me faire part de son souhait de profiter de son déplacement à Taverny, dans l'Oise, pour valoriser les derniers chiffres du chômage. Il souhaite que les ministres qui interviendront dans les émissions de radio ou de télévision, au cours des prochaines heures, fassent de même. Depuis de nombreux mois, la publication mensuelle des statistiques économiques est l'objet du même rituel, où le respect scrupuleux du secret qui les entoure, jusqu'à leur publication, doit laisser place à la communication la plus offensive après leur divulgation officielle.

Au mois de novembre 2016, le nombre de demandeurs d'emploi a diminué de 31 800. Après trois mois consécutifs de baisse, on dénombre donc 109 800 chômeurs de moins, ce qui n'avait pas été constaté en France depuis 2001. Ces résultats encore très fragiles résultent pour l'essentiel de la reprise de l'investissement des entreprises, rendu possible par la restauration significative de leurs marges grâce au pacte de responsabilité. L'aide à l'embauche pour les PME et le plan de formation de 500 000 chômeurs ont également eu un impact très positif sur l'amélioration de la situation de l'emploi en 2016.

Dès ces chiffres connus, la droite critique, de façon très prévisible, une politique artificielle de baisse du chômage, à grand renfort d'argent public et de contrats aidés. Une partie de la gauche, celle dont la singularité a consisté à s'opposer à presque tout, jusqu'à envisager le dépôt d'une motion de censure contre le gouvernement qu'elle était censée soutenir en juillet 2016, rapporte les résultats obtenus à l'ampleur des efforts consentis : certes, 240 000 créations nettes d'emplois sont intervenues depuis dix-sept mois, mais au prix « de cadeaux aux entreprises de plusieurs dizaines de milliards » au titre du pacte de responsabilité. L'idée que la politique mise en œuvre – qui inclut aussi la garantie jeunes et le compte personnel d'activité – puisse aboutir, dans les mois qui viennent, à d'autres effets positifs sur l'emploi n'est à aucun moment envisagée par les frondeurs. Car, pour que leurs actions prospèrent, il faut que le dénigrement se poursuive et que la ministre du Travail, Myriam El Khomri, en demeure l'une des cibles privilégiées.

Dans la soirée, mon fils évoque avec moi la campagne de la primaire. Je sais qu'il lit attentivement les contributions des candidats, qu'il les analyse avec son exigence qui ne laisse rien passer. Il me dit l'intérêt que suscite la campagne de Benoît Hamon parmi les jeunes, l'aspiration d'un certain nombre d'électeurs de gauche à voir les questions sociales et écologiques replacées au cœur du débat politique. Il travaille d'ailleurs avec certains de ses camarades d'université à la création d'une revue qui traitera de ces thèmes. Lors de nos discussions, le président de la République m'indique que, parmi ses proches et certains de leurs amis, le même intérêt se manifeste pour la candidature de Benoît Hamon, qui a le visage de la nouveauté, de la sincérité et revendique une certaine audace thématique. Une partie de la jeunesse qui a manifesté son intérêt pour la campagne d'Emmanuel Macron semble regarder vers d'autres horizons, mais sans certitude ni emballement. Dans cette campagne si juvénile, l'incertitude s'installe.

Jeudi 29 décembre

Déplacement au Tchad, avec le ministre de la Défense, pour soutenir les militaires français, engagés dans l'opération Barkane.

La relation qui me lie à Jean-Yves Le Drian est ancienne. De près de vingt ans mon aîné, il vient de quitter le ministère de la Mer, en 1992, après y avoir engagé la courageuse réforme des dockers, lorsque j'y arrive comme jeune chef de cabinet de Charles Josselin, son successeur et rival breton. Parmi les conseillers techniques qui ont survécu à ce changement figure François Chappé, l'un de ses plus vieux amis, originaire de Paimpol et qui aime la vie et les chansons paillardes. Chargé de la rédaction des discours du ministre, cet érudit, passionné d'histoire, est devenu au fil du temps un ami, qui m'a permis de découvrir Jean-Yves Le Drian.

Plus tard, au Parlement, nous avons partagé le même intérêt pour les questions militaires et maritimes. Il nous est aussi arrivé de nous disputer le Mont-Saint-Michel, dans la grande tradition des débats tumultueux qui ont toujours opposé la Normandie à la Bretagne, en raison des aléas de la géographie : les

Bretons aimaient à répéter à l'envi que le Couesnon, « dans sa folie, avait mis le Mont en Normandie » et que, pour faire bonne mesure, « dans sa raison, il le rendrait aux Bretons ».

Ami de longue date de François Hollande, avec lequel il a participé dans les années 80 à la création des transcourants, Jean-Yves Le Drian est, naturellement, nommé ministre de la Défense en 2012. Depuis, chacun reconnaît qu'il excelle dans la fonction.

Dans l'exercice quotidien du pouvoir, sans avoir l'air de pousser son avantage, Jean-Yves Le Drian montre à chaque instant le souci qu'il a des intérêts de la Bretagne et témoigne d'un réel talent pour les faire prévaloir. Il ne néglige jamais ses intérêts politiques propres, qu'il préserve avec virtuosité, sans rien dévoiler de ses plans, jusqu'à les dissimuler parfois, avec la conviction que la naïveté de son interlocuteur suffira à le protéger de son jugement. Avec lui, je n'évoque donc jamais ce que je devine de ses intentions. Mon intuition pourrait en effet me tromper. J'ai aussi la conviction que notre relation pourrait s'en trouver altérée, comme le respect dans lequel nous nous tenons et qui nous place déjà à une distance raisonnable l'un de l'autre.

Dans la perspective de l'élection présidentielle, Jean-Yves Le Drian apporte son concours, depuis l'origine, à Manuel Valls. Il me dit régulièrement qu'il ne soutiendra en aucun cas Benoît Hamon, s'il venait à être désigné. Dans l'entourage d'Emmanuel Macron, on évoque volontiers la qualité de la relation nouée avec le ministre de la Défense, dont on espère qu'elle se révélera utile, le moment venu.

De tout cela nous ne parlons jamais ensemble, ou de façon trop allusive pour qu'il me soit possible d'en tirer la moindre conclusion sur la réalité de ses intentions.

À N'Djamena, nous rencontrons les officiers et les soldats qui se battent quotidiennement contre les groupes terroristes disséminés partout dans la bande sahélienne. Le général Xavier de Woillemont, qui dirige l'opération Barkhane, nous présente ses troupes, leurs matériels et les enjeux auxquels il doit faire face.

Le déjeuner, où une grande partie des effectifs militaires a été rassemblée, permet d'évoquer l'avenir de notre défense nationale, dans un contexte de menaces particulièrement élevées. Le ministre de la Défense insiste régulièrement auprès du chef de l'État pour que les choix budgétaires annoncés au profit de nos armées soient scrupuleusement respectés. Ils le sont d'ailleurs, grâce à l'effort inédit consenti sous le quinquennat de François Hollande, pour la défense et la sécurité des Français.

Avec Idriss Déby, l'entretien porte sur la soutenabilité, pour le Tchad et ses partenaires, de la lutte contre Boko Haram et les groupes djihadistes qui ensanglantent le Sahel. Le président tchadien est un chef d'État qui a, sur la plupart des enjeux régionaux, une vision claire et une détermination intacte. Mais la grave crise économique qui secoue son pays le préoccupe. Elle risque en effet d'obérer à terme l'effort de guerre, dans un contexte où l'armée tchadienne est la seule à pouvoir mener efficacement le combat contre les commandos djihadistes. La discussion porte donc essentiellement sur l'aide que nous pouvons mobiliser pour aider le Tchad à surmonter les difficultés qui le minent et à tenir son rang dans la lutte contre le terrorisme. La France a mobilisé en 2016 une enveloppe exceptionnelle de 8 millions d'euros pour des projets concrets et a plaidé activement pour que l'Union européenne verse les 50 millions d'euros promis à la force multinationale mixte, composée de 8 500 hommes originaires du Niger, du Nigeria, du Tchad, du Bénin et du Cameroun. Sur chaque sujet, Idriss Déby se montre précis, concentré, presque méthodique. Dans son costume traditionnel, avec sa longue silhouette et son regard adouci par de fines lunettes d'intellectuel, il présente le visage d'un sage, qui ferait presque oublier le traitement inhumain qu'il a souvent réservé à ses opposants. Mais, dans le chaos où se trouve le Sahel, il serait illusoire de prétendre faire sans lui. La politique en général, la politique internationale en particulier, n'évite jamais la confrontation des principes à la réalité.

Vendredi 30 décembre

Mon entretien au *Journal du Dimanche* doit paraître dans les quarante-huit prochaines heures. Avec la journaliste Anna Cabana, tous les sujets ont été abordés, sans concessions.

Comme souvent depuis ma prise de fonction, je n'ai pu échapper à l'interpellation sur la marque que j'entends imprimer à Matignon. Cette question est saugrenue, non pas en raison du peu de temps qui m'est donné pour imposer un style, mais simplement parce que l'objectif doit être d'abord de bien remplir sa mission. J'insiste donc sur les principes ou les valeurs qui peuvent jalonner mon chemin : le souci de la vérité, car le vacarme politique occulte les faits et obère la nécessaire lucidité ; la solidité face à la menace terroriste élevée à laquelle le pays est confronté ; le sens de l'État, enfin, et la pondération qu'il suppose dans l'exercice du pouvoir, car l'outrance divise les Français et affaiblit le pacte républicain.

On m'interroge aussi sur la proposition faite par Manuel Valls de supprimer le recours à l'article 49.3 de la Constitution : il peut être utile d'y avoir recours, mais pour que son usage soit légitime, il doit être inévitable et limité.

Sur les primaires en cours, je n'entends pas déroger à l'obligation de réserve que m'impose à la fois mon rôle de chef de la majorité, garant jusqu'au bout de son unité, et celui de chef du gouvernement, comptable, par la force des choses, de la bonne gestion des affaires de l'État.

Samedi 31 décembre

Dans la journée, Manuel Valls me fait part de ses regrets – pour ne pas dire de son incompréhension – de ne pas me voir m'engager davantage en sa faveur pour la primaire. Il trouve « étrange » qu'un Premier ministre ne veuille pas se laisser distraire de sa tâche, alors que des échéances essentielles se présentent au pays. Il s'agit pourtant de la seule position tenable, si l'on souhaite maintenir l'unité de la majorité et des socialistes et si l'on aspire à ce que le gouvernement donne, jusqu'au terme du quinquennat, une image de responsabilité et de sérieux. Sans se rallier à cette position, il me donne le sentiment d'en comprendre les motivations sincères.

À 20 heures, François Hollande adresse ses derniers vœux aux Français. J'ai, à sa demande, relu à plusieurs reprises son projet d'allocution et lui ai donné librement mon avis sur les thèmes à mettre en exergue. En raison du lien qui nous unit l'un à l'autre et de l'injuste sévérité du regard porté sur son quinquennat, sa prestation suscite en moi de la nostalgie.

Dimanche 1er janvier 2017

Alors que chacun, en raison du réveillon de la veille, s'est levé fort tard, nous improvisons avec quelques amis une longue marche dans la forêt avoisinante. La température est très basse. La nature est couverte de givre et la lumière qui perce la futaie donne au sous-bois des allures nervaliennes, qui me font penser aux promenades hivernales de mon enfance, dans le Valois couvert de brume. Je retrouve, ici où là, des sensations oubliées, olfactives d'abord, lorsque l'humus qui naît de la décomposition des feuilles et du bois dégage des parfums de terre mouillée et riche, qui sont comme des promesses pour les jeunes pousses du prochain printemps. Il y a aussi la piqûre du froid et l'humidité de l'air sur le visage ou sur les mains, qui incitent chacun à se calfeutrer dans ses vêtements en s'employant, par mille gestes ou précautions, à les rendre étanches. Alors que des groupes se forment et que des histoires se racontent, ponctuées par des rires ou des exclamations, je goûte au bonheur d'être à distance, dans la recherche des impressions du temps passé, en marchant dans le sillage des amis dont la vie se raconte par bribes, comme dans les films de Claude Sautet.

Lundi 2 janvier

François Chérèque nous a quittés. Il fut un grand syndicaliste et un militant engagé pour la justice et le progrès social.

Chargé de la mise en œuvre du plan de lutte contre la pauvreté initié par le gouvernement de Jean-Marc Ayrault en 2013, président de l'Agence du service civique, puis haut-commissaire à l'engagement, il fut une référence pour les sociaux-démocrates français et européens. Régulièrement, François Hollande, qui le tenait en haute estime, me parlait de lui pour s'inquiéter de sa santé. Je savais que, dans la lutte qu'il avait menée contre la maladie, il était demeuré digne, par souci d'épargner sa famille et ses proches qui, comme beaucoup d'entre nous, étaient subjugués par son enthousiasme d'éternel adolescent. Cette triste disparition aux premiers jours de l'année nouvelle est vécue comme un choc, alors que certains esprits superstitieux l'évoquent comme un mauvais présage.

Mardi 3 janvier

À l'heure du petit-déjeuner, les principaux responsables de la gauche de gouvernement se retrouvent à Matignon. La plupart du temps, participent à cette réunion le premier secrétaire du Parti socialiste, Jean-Christophe Cambadélis, le président de l'Assemblée nationale, Claude Bartolone, les présidents des groupes socialistes de l'Assemblée nationale et du Sénat, Olivier Faure et Didier Guillaume, le président de la Fédération nationale des élus socialistes et républicains, François Rebsamen, deux candidats à la primaire de la Belle Alliance populaire, Sylvia Pinel pour les radicaux de gauche et François de Rugy pour les écologistes, ainsi que le député de Haute-Garonne, Christophe Borgel. Quelques membres de mon cabinet et un collaborateur du président de la République sont également présents autour de la table, mais ne participent pas aux débats. L'exercice est supposé maintenir la cohésion de la majorité. Dans un moment politique où le gouvernement peut se trouver écartelé entre des choix ou des aspirations contradictoires, cette précaution est de mise.

Ces petits-déjeuners sont aussi une véritable épreuve, pour des raisons qui tiennent au climat, déjà dégradé, et aux rancœurs accumulées au fil du temps par les uns et par les autres. Certains, blessés dans leur amour-propre, rancuniers plus que de raison, interviennent essentiellement dans le débat pour déplorer le contexte et en imputer la responsabilité au seul chef de l'État. Les principaux soutiens de Manuel Valls sont pour leur part dans la préoccupation d'imposer au gouvernement et aux parlementaires un choix en faveur de leur champion, au nom de la théorie des gauches irréconciliables : ne pas faire le bon choix, c'est nécessairement prendre le pire des partis. Ne pas soutenir sans réserve le candidat de la gauche de gouvernement, c'est prendre le risque de subir les frondeurs et de voir les socialistes disparaître au profit d'Emmanuel Macron. Si je partage cette analyse en partie, je doute qu'il soit possible d'imposer le rassemblement par la contrainte, car c'est par le libre consentement qu'il s'opère le plus efficacement, au terme d'un long travail de conviction et d'apaisement.

Le président du groupe socialiste à l'Assemblée nationale, Olivier Faure, s'évertue à ne pas accroître le spleen dont les députés semblent être atteints et cherche, pour ce faire, à réduire leurs divisions. Dans un autre style, le premier secrétaire du Parti socialiste, dont la culture politique le conduit à penser qu'il vaut mieux un appareil affaibli que l'on tient plutôt qu'un appareil puissant qui vous échappe, pense qu'il faut tenir coûte que coûte et que le temps est un allié. Ceci peut se concevoir, aussi longtemps que la démonstration n'a pas été faite que des partis impuissants peuvent aussi disparaître faute d'avoir été tenus. Quant aux partenaires non socialistes, dont les candidats à la primaire tiennent dignement leur rang, ils ne peuvent même pas espérer que nos déboires contribueront à faire leur fortune, car, dans la tectonique des plaques qui fracture la gauche, ils se savent plus vulnérables que d'autres. De ces rencontres rien ne jaillit, à l'exception de la profonde déprime qu'elles engendrent et qui m'apparaît comme symptomatique du mal profond qui mine les socialistes français et une partie de la gauche.

En quittant cette docte assemblée, aux alentours de 9 h 30, je m'interroge sur l'utilité de la réunir encore, sauf à accepter de vivre avec Baudelaire et son Spleen – sans idéal désormais – armé de « son ciel bas et lourd qui pèse comme un couvercle sur l'esprit gémissant en proie aux longs ennuis ».

Mercredi 4 janvier

Chaque premier mercredi de janvier, traditionnellement, le gouvernement se retrouve au grand complet à la table du ministre de l'Intérieur à l'heure du petit-déjeuner. Afin de commencer l'année sous le signe de l'indéfectible amitié qui unit entre eux les membres de l'exécutif, de modestes présents sont remis aux participants par le locataire de la Place Beauvau.

Cette tradition, vieille de plus de trente années, a été instaurée par Gaston Defferre au début des années 80. On raconte que, par espièglerie, le ministre de l'Intérieur de l'époque avait offert à ses collègues leurs fiches archivées par les Renseignements généraux, et que le respect dont il jouissait déjà s'en est trouvé rehaussé. Lorsque j'officiais comme l'hôte des lieux, en 2015 et 2016, j'avais offert à mes collègues des porte-clefs en forme de menottes, qu'ils avaient appréciés à leur juste valeur, et un très beau livre de Bruno Fuligni au titre évocateur, *Secrets d'État*, au sous-titre inquiétant – « Les affaires qui ont fait trembler la République » – et à la couverture sulfureuse, puisque y figurait la photographie du peu recommandable Alexandre Stavisky.

Le petit-déjeuner de Beauvau était aussi l'occasion pour les ministres d'imprimer leur marque, en début d'année, et chacun avait pour ce faire sa propre technique : certains, qui aspiraient à une promotion, sortaient les premiers de l'Hôtel de Beauvau et jouaient des coudes pour être aux côtés du Premier ministre, dans le champ des caméras, pendant le court trajet à pied entre Beauvau et l'Élysée. Peut-être espéraient-ils ainsi forcer le destin. D'autres exhibaient des écharpes, des couvre-chefs et divers accoutrements, plus ou moins à propos, qui leur garantissaient de ne pas passer inaperçus. Enfin, les plus transgressifs osaient parfois jusqu'à la métamorphose physique, en exhibant une nouvelle coupe de cheveux ou une barbe naissante, qui suscitait naturellement toute l'attention des médias. C'est ainsi qu'il y a un an, le 4 janvier 2016, je voyais confirmé l'exceptionnel sens de la communication d'Emmanuel Macron, qui, par sa barbe juvénile, volait la vedette à tous ses collègues et parvenait à enflammer les réseaux sociaux, plusieurs jours encore après l'avoir rasée.

À l'Élysée, l'échange de vœux avec le président de la République s'inscrit lui aussi dans la tournée des adieux. Ceux du gouvernement, que je lui adresse, sont affectueux. Ils permettent de rappeler les échéances, les dossiers, les enjeux et les contraintes liées au calendrier désormais très serré. Tout y est de la feuille de route que nous avons établie en commun. François Hollande doit être assuré de la parfaite loyauté de ses ministres et vivre sereinement les derniers mois de son quinquennat. Dans sa réponse, le président évoque à nouveau le sens qu'il entend donner à la dernière étape de son mandat : « Il reste quatre mois, cent vingt jours qui doivent être utiles, au service des Français, pour porter une vision de long terme. Il y a une pensée paresseuse qui prétend que, dans un quinquennat, ce sont les premiers jours qui comptent, et qu'il n'y aurait plus après qu'à gérer et attendre que les fruits soient récoltés. Non : s'il y a des périodes différentes tout au long d'un quinquennat, chaque jour compte. Le gouvernement sera mobilisé jusqu'au dernier jour.

Pour incarner une certaine conception de l'État, faite de sérieux et de rigueur, pour défendre les services publics, pour garantir la Sécurité sociale, pour poursuivre le redressement du pays et préparer l'avenir, pour continuer à protéger les Français, pour porter la voix de la France en Europe et à travers le monde. »

En fin de journée, avec Myriam El Khomri, nous remettons à un salarié du BTP la première carte professionnelle destinée à lutter contre le travail illégal et la fraude au détachement en Europe. Cette carte d'identification professionnelle, en projet depuis plus de dix ans, a été rendue obligatoire par la loi Macron de 2015, qui l'a aussi étendue aux intérimaires et aux travailleurs détachés d'entreprises étrangères. Il s'agit là d'un progrès pour la protection des salariés et pour la défense de notre modèle social. Cette carte, qui doit être généralisée en février, concernera plus de 2 millions de salariés et 500 000 entreprises. Avec la ministre du Travail, nous profitons de ce déplacement dans les locaux de l'Imprimerie nationale, à Flers-en-Escrebieux, dans le Nord, pour appeler de nouveau l'Union européenne à engager sans tarder une révision rapide de la directive de 1996, relative au détachement des travailleurs. La fraude doit en effet être combattue à l'échelle de l'Europe, avec le concours de tous les pays de l'Union, car si nous ne parvenons pas à lutter collectivement et efficacement contre les abus, alors c'est le principe même de la libre circulation qui sera sapé dans ses fondements, sous les coups de boutoir de tous les populismes.

Vendredi 6 janvier

J'ai pour les maîtres d'école un respect qui vient de loin. Mon père était instituteur. J'ai grandi à ses côtés, dans les salles de classe où il enseignait. Je porte en moi son exemple et conserve précieusement le souvenir de la passion qu'il avait de former des jeunes enfants, de toutes origines, pour en faire des citoyens libres. De cette période demeure la conviction que tout commence par l'acte de transmettre.

Dans l'école que nous visitons à Clermont-Ferrand, avec Najat Vallaud-Belkacem, les classes ont été rénovées par la municipalité. Les enfants disposent ici d'un environnement propice à l'apprentissage des connaissances. Pour aider les plus en difficulté d'entre eux, le dispositif « plus de maîtres que de classes » a été mobilisé, qui leur permet de bénéficier d'un encadrement adapté. Dans notre échange avec les parents d'élèves et les enseignants, sont évoquées les créations de postes – près de soixante mille pendant le quinquennat – ainsi que le rétablissement de la formation des maîtres. Sans ces choix politiques, il n'aurait pas été possible d'obtenir la division par deux du nombre de décrocheurs, ni de donner à des territoires comme la Seine-Saint-Denis des moyens qu'ils n'avaient jamais pensé pouvoir obtenir.

En écoutant Najat Vallaud-Belkacem s'adresser à ses interlocuteurs, je repense à la campagne de 2012, où nous étions ensemble porte-parole de François Hollande, et je mesure le chemin parcouru par cette jeune ministre. S'il m'était arrivé par le passé de m'agacer de la trop grande attention qu'elle se portait à elle-même, je l'avais aussi vue faire face au pilonnage haineux destiné à l'atteindre avec un courage et une dignité rares, qui avaient suscité en moi du respect. Dans les combats, elle s'était forgé une stature et un avenir.

Samedi 7 janvier

L'ancien président socialiste du Portugal, Mário Soares, s'est éteint. L'émotion dans son pays est immense et, parmi les socialistes européens, sa disparition, comme celle de Shimon Peres en septembre, donne le sentiment qu'un livre se ferme, dont les héros et les personnages de légende appartiendraient à un monde à tout jamais révolu.

Cet avocat de profession s'était distingué très tôt en politique, en s'opposant courageusement au dictateur Antonió de Oliveira Salazar. Le triomphe de la Révolution des Œillets, en 1974, devait beaucoup à sa lucidité, à l'exacte conscience qu'il avait de l'importance des rapports de forces, lorsque se joue le destin d'une nation. Son charisme lui avait permis de faire barrage au Parti communiste d'Álvaro Cunhal et de gagner les premières élections démocratiques organisées dans son pays, inscrivant ainsi solidement l'histoire de la gauche portugaise dans la culture de gouvernement. À la fin de sa vie, il avait résumé ainsi le regard qu'il portait sur lui-même : « Je ne me suis jamais considéré comme spécial. Je suis quelqu'un de normal. »

En pensant à ce grand européen, qui avait au cœur les idéaux de justice et de liberté pour lesquels il s'était battu en prenant tous les risques, je me consolais de certains travers du monde d'aujourd'hui. Le socialiste Soares, héros d'une révolution qui avait permis à son pays de rejoindre durablement le camp de la modernité et des libertés, ne s'était jamais pensé comme incontournable, bien que placé par le destin au cœur d'un moment historique. Tout ce qui était advenu dans son pays lui devait beaucoup. Mais, dans les heures sombres des années Salazar, il avait appris que l'ampleur des mouvements qui contribuent à faire l'histoire doivent davantage à la pertinence d'un engagement collectif, où chacun se tient dans la fidélité à l'autre et à ses convictions, qu'aux aventures personnelles où l'obsession de la communication préside à tout.

Dimanche 8 janvier

Tôt le matin, j'ai donné rendez-vous à l'Hôtel de Matignon à Hubert Védrine, Frédéric Mitterrand et Mazarine Pingeot. Nous nous rendons à Jarnac, pour la cérémonie annuelle de commémoration de la mort de François Mitterrand. Dans l'avion qui nous conduit en Charente, la conversation porte sur les premières années de la vie de l'ancien président de la République, notamment sur les moments passés dans la maison de ses grands-parents, à Touvent, près d'Aubeterre. Frédéric me parle d'un documentaire inédit sur l'enfance de son oncle, qu'il a écrit ces derniers mois, à partir d'archives exploitées de façon intimiste, ce qui donne à sa réalisation une tonalité à la fois nostalgique et littéraire. Au cours de la conversation, Mazarine pose de nombreuses questions, convoque quelques rares bribes de conversations avec son père. Plus tard, dans la maison de Jarnac, je la verrai avec Gilbert Mitterrand plonger dans le passé, comme si le temps était venu de partager une histoire familiale, à défaut de pouvoir évoquer des souvenirs communs.

Pour nous qui, par-delà les modes et les droits d'inventaire, avons aimé François Mitterrand et lui sommes demeurés attachés, le voyage à Jarnac est une manière de le retrouver, comme s'il était encore parmi nous. Car tout affleure ici de cette relation tellurique qu'il entretenait avec le pays. La nature et les paysages, qui s'étirent lentement, et dont la sérénité semble imposer le silence à la ville environnante, confortent ce sentiment de permanence, qui rappelle l'inéluctabilité du rythme des saisons et la vanité de toutes les formes d'impatience. Sur les berges de la Charente qui traverse la ville, dans les rues où s'alignent les maisons cossues des grandes familles du cognac, ceux qui ne croient pas « aux forces de l'esprit » pourraient subitement être tentés de se convertir. Pour ma part, pendant ces deux dernières décennies d'engagement politique, je me suis simplement laissé convaincre par la magie des correspondances et par la solidité des liens de l'histoire, qui ne se rompent jamais.

Loin de Paris, à partir de cette province paisible et reculée, je regarde un sillon depuis longtemps creusé, qui vient de loin et qui dessine sur le sol la longue histoire d'une famille politique, la mienne, dont l'une des plus brillantes figures repose ici. Je ne veux pas voir son héritage se dissoudre dans l'air du temps, et sous la pression de ceux qui décrètent, au nom de la modernité, la fin de l'histoire, la fin des clivages, la fin d'un monde. Ces modernisateurs s'inspirent souvent des recettes les plus éprouvées de la vieille politique pour vendre le nouveau monde. Celui-ci se distingue de l'ancien par sa propension à mieux servir, et plus vite, l'irrépressible ambition de pouvoir de ses promoteurs.

Au terme de la cérémonie, nous nous rendons dans la maison natale de François Mitterrand, desservie par un jardin de taille modeste, qui ressemble à un grand patio que des arbres seraient venus agrémenter de leur ombre. Tout près du bâtiment principal, une tonnellerie a été reconstituée, qui évoque la vinaigrerie familiale. Dans cette belle demeure provinciale, rien n'est ostentatoire. À mesure que nous cheminons dans les pièces où le mobilier et la décoration du début du siècle dernier ont été préservés, Gilbert s'attarde sur certains objets, sur quelques tableaux peints jadis par sa tante, Marie-Josèphe, sur des meubles qui parlent des ancêtres ou d'habitudes familiales bien établies. Chaque révélation est la confirmation d'une éducation provinciale, classique, catholique, au sein d'une famille conservatrice, solidement établie dans la ville et s'obligeant à une certaine réserve.

Pendant mon discours commémoratif, alors même que je ne sais rien de la tournure des événements à venir et que je n'entends pas me laisser dicter ma conduite par l'air du temps, je dis ce que je crois juste et qui résulte de ma fidélité à une certaine conception de la politique et de l'engagement : « François Mitterrand c'était la fidélité. La fidélité à ses amis, et d'abord aux amis qu'il s'était faits au cours des jours sombres de sa vie, en captivité ou dans la résistance. La fidélité à l'égard de ses électeurs du Morvan, comme à l'égard des habitants des Charentes et des Landes, comme à l'égard de tous ces Français anonymes croisés au hasard de ses voyages sur les routes de France. À eux tous il n'a jamais cessé de témoigner son intérêt, son affection et son estime. Chaque fois qu'il l'a pu, il les a accompagnés, dans les bons moments comme dans les épreuves de la vie. La même fidélité l'attachait aussi aux idéaux de la gauche, que les Français, en l'élisant, lui avaient confié la tâche de défendre. François Mitterrand, c'était la volonté du rassemblement de la gauche. D'abord parce qu'il avait la conviction que le clivage droite-gauche conservait dans la société française toute sa force, toute sa pertinence, et je pense qu'il avait raison. "Le centre n'est ni de gauche ni de gauche", disait-il drôlement. Il admettait que les partis de gauche puissent évoluer, s'adapter aux circonstances, pour continuer à changer la société, mais non pas au point de théoriser le "ni droite ni gauche" qu'il considérait comme un ailleurs improbable, à moins qu'il ne fût la manifestation d'un opportunisme ou d'une confondante immaturité politique, ignorante des mouvements profonds de l'Histoire. [...] François Mitterrand savait mieux que personne qu'il ne suffit pas en politique de promettre ni de dire. Encore faut-il tenir sa parole, car la politique ne pouvait se réduire à ses yeux à un exercice de séduction pure, fait de couvertures de magazine et de discours sans projets. »

Dans l'avion du retour, je repense aux fils de l'histoire, qui ne se rompent jamais. Je me remémore aussi certains des mots de Pierre Mendès France pour qualifier la modernité. Et dans un moment de profonde mélancolie, je me sens terriblement vintage...

Lundi 9 janvier 2017

La primaire de la Belle Alliance populaire se passe mal. Les divisions qu'elle révèle plongent nos électeurs dans un profond désarroi. En dépit des discours résolument optimistes de certains responsables socialistes, l'offre nouvelle présentée par Emmanuel Macron risque de conduire notre électorat à se mobiliser directement pour lui. Le principe même de l'organisation d'une telle confrontation, alors que le président sortant pouvait légitimement prétendre à se représenter, a constitué une incongruité politique dont seuls les socialistes se sont montrés capables. Ainsi, le pilonnage incessant de François Hollande et de son quinquennat, par certains candidats qui se sont pensés incontournables, leur permet désormais de plastronner, avec les encouragements bruyants de leurs soutiens.

Lorsque le pire des dispositifs a été décidé, il est vain d'en espérer des résultats prometteurs. Par souci de maintenir la cohésion du gouvernement et de la majorité, par pessimisme aussi quant à l'issue de cet exercice absurde, je demeure à distance du vacarme qu'il provoque, avec la conviction toutefois – et c'est bien là le dilemme – que la victoire des frondeurs ouvrirait définitivement la voie à l'élimination de la gauche du second tour de la présidentielle, sans garantie pour elle de pouvoir un jour se reconstruire.

La marge de manœuvre est donc particulièrement étroite. Avec l'accord du président de la République, je profite du déplacement que je dois faire au siège d'Arianespace, à Évry, pour me montrer avec Manuel Valls, sur ses terres, sans pour autant sortir de la réserve que je me suis imposée à moi-même comme une discipline.

Sur les questions spatiales, Manuel Valls a pris des décisions stratégiques, en réformant notamment la gouvernance des entreprises du secteur. À l'été 2016, le Centre national d'études spatiales a cédé ses parts du capital d'Arianespace à Airbus Safran Launchers, filiale commune des industriels Safran et Airbus. Cette opération a permis la prise de contrôle du numéro un mondial des services de lancement spatial, garantissant ainsi pour l'Europe l'autonomie d'accès à l'espace et permettant l'adoption du programme Ariane 6. Le président d'Arianespace, Stéphane Israël, a pris une part déterminante pour rendre possibles ces évolutions. Ce n'était donc que justice de saluer, dans son fief, la détermination de Manuel Valls à assurer la réussite de ce grand projet franco-européen.

Dans la journée, l'Agence France Presse titre : « Chez Arianespace, Bernard Cazeneuve salue la ténacité de Manuel Valls. » L'objectif de ce déplacement est donc atteint.

Mardi 10 janvier

La droite française, emmenée par François Fillon, considère qu'une autre politique est possible en Syrie. Elle souhaite, depuis des mois, un rapprochement avec la Russie de Vladimir Poutine. Elle semble considérer, sans l'assumer vraiment, que la menace que font peser les terroristes de Daech sur notre sécurité doit nous conduire à reconsidérer notre position à l'égard du régime de Bachar al-Assad, qui a récemment jugé bienvenues les positions défendues par François Fillon. Comme il arrive parfois que certains soutiens soient encombrants, le sénateur Bruno Retailleau a dû préciser, dans la journée, que son candidat n'avait rien à voir avec le dictateur syrien.

À l'Assemblée nationale, le gouvernement est à nouveau sommé de rendre des comptes sur sa politique étrangère. Certains, toujours les mêmes, voudraient qu'il en change. L'occasion m'est donc donnée d'une mise en perspective des principes qui guident notre diplomatie. Avec un peu de perfidie, je commence par remarquer que la droite considère que d'autres alliances sont possibles et que les alliés qu'elle souhaite se donner soutiennent désormais publiquement, dans les grands médias français, l'idée d'une réorientation de notre politique étrangère. Certains d'entre eux vont même jusqu'à désigner, dans la plus grande ingérence, les candidats de leur préférence. C'est ainsi qu'entre les deux tours de la primaire de la droite Vladimir Poutine a ostensiblement apporté son soutien à François Fillon.

Je précise également qu'un grand pays comme la France, soucieux de son indépendance, ne peut pas se laisser dicter ses choix par des puissances étrangères et qu'il appartient au seul peuple français de se positionner en conscience. Enfin, c'est bien la constance d'une politique qui permet, dans la durée, d'étalonner la lucidité et le courage d'un État face aux tragédies humanitaires qui ébranlent certaines régions du monde. Pour la France, il s'agit de créer durablement les conditions d'une Syrie apaisée, à l'intégrité territoriale préservée, respectueuse des droits de l'Homme et de la diversité de son peuple.

Qui songerait à atteindre ces objectifs dans la compromission avec un régime responsable de plus de 300 000 morts, du déplacement ou de l'exil de plus de la moitié de sa population, de la torture systématisée et du recours aux armes chimiques ?

À regarder l'opposition sur les bancs, visiblement gênée, je comprends qu'elle n'y songe pas elle-même.

Mercredi 11 janvier

La droite cherche, non sans mal, à relancer la campagne de François Fillon qui, conscient de l'inquiétude suscitée par ses propositions sur la Sécurité sociale, plaide l'erreur de communication : « On n'a pas été bons, on n'a pas été clairs dans nos propositions », a-t-il déclaré, en amorçant un virage, difficile toutefois à assumer. Le candidat que les conservateurs se sont donné pour cette élection présidentielle a en effet gagné la primaire de son camp, pour laquelle il n'était pas favori, en contournant par la droite ses principaux concurrents. Il a ainsi donné aux électeurs le sentiment qu'il était sérieux et les a convaincus de se tourner vers lui. Il ne peut donc les décevoir en laissant supposer qu'à la première difficulté il renonce. Mais il ne peut non plus effrayer les Français avec un programme qui aurait toutes les caractéristiques d'une purge. Il se trouve donc contraint de godiller et je sens que, parmi les siens, certains commencent à s'inquiéter du trou d'air.

Les vœux du Parti socialiste, rue de Solférino, sont une occasion de dénoncer la vraie nature des propositions de la droite sur la protection sociale. L'argument du jour m'a été servi par François Fillon lui-même, et nul n'est besoin de trop sophistiquer le discours pour tenter de convaincre. Il suffit de dire qu'en politique la première impulsion est toujours la bonne et que l'aveu d'une erreur de communication révèle le plus souvent de véritables intentions politiques.

Parmi les responsables socialistes présents à cette cérémonie, nombreux sont ceux qui me font part de leur désarroi. Ils s'inquiètent à juste titre de voir le candidat socialiste qui sera issu de la primaire pris en tenaille entre Emmanuel Macron et Jean-Luc Mélenchon. Ils ont raison, car la victoire d'un frondeur à la primaire légitimerait le discours du candidat de l'extrême gauche et élargirait significativement l'espace politique dont bénéficie déjà celui du centre, occasionnant ainsi la disparition de la gauche de gouvernement.

Jeudi 12 janvier

Le compte personnel d'activité constitue l'une des belles avancées sociales du quinquennat de François Hollande. Avec la ministre du travail, Myriam El Khomri, nous participons à son lancement à la Villette.

Le CPA est destiné à faciliter l'accès à la formation des salariés et à ouvrir de nouveaux droits, en reconnaissant notamment l'engagement citoyen des responsables associatifs bénévoles, des maîtres d'apprentissage ou des jeunes en service civique. Il offre de nouvelles opportunités aux jeunes décrocheurs qui se voient créditer le nombre d'heures de formation nécessaires à l'acquisition d'un premier niveau de qualification, ainsi qu'aux salariés non qualifiés, dont le plafond du nombre d'heures cumulables sur le compte personnel de formation augmente sensiblement. Il permet enfin aux salariés ayant été confrontés à des métiers pénibles de pouvoir partir en retraite plus tôt.

Alors que François Hollande a insisté, à l'occasion de ses ultimes vœux aux partenaires sociaux sur les étapes restant à franchir pour assurer la montée en puissance du financement de cette réforme, certains à gauche expriment leur déception. Arnaud Montebourg, en campagne dans la primaire, juge le projet trop « embryonnaire », la CGT y voit une coquille vide, le collectif Génération précaire évoque une réforme ratée. Le soutien des syndicats réformistes est en revanche acquis, comme celui de bon nombre de salariés, qui voient enfin se concrétiser des progrès depuis longtemps espérés.

Samedi 14 janvier

La direction américaine de Whirlpool veut procéder à la fermeture du site industriel d'Amiens, pour le délocaliser en Pologne. Plus de trois cents emplois sont menacés, si l'on inclut les salariés du sous-traitant Prima-France. Pendant le quinquennat, le bassin d'emploi d'Amiens a été durement touché par la fermeture de Goodyear. La désindustrialisation de la Picardie plonge la population dans la détresse et l'extrême droite y trouve l'occasion de faire prospérer ses thèses les plus démagogiques.

Des contacts ont immédiatement été pris avec le président de la région Hauts-de-France, Xavier Bertrand, avec lequel s'est nouée, depuis longtemps, une relation de confiance. L'évacuation de la Lande de Calais, sans heurts, après des mois de tension, nous a conduits à nous rencontrer souvent et je n'ai eu qu'à me louer de son sens de la parole donnée comme de son refus d'instrumentaliser les sujets les plus sensibles à des fins politiques. Je lui ai donc fait part, dès jeudi, de mon intention de faire venir à Paris Jeff Fettig, le président américain de

Whirlpool, et de durcir le ton pour tenter de sauver les emplois industriels du site d'Amiens. Ce matin, à 9 h 30, je le reçois donc à Matignon avec son directeur des opérations. Sans perdre de temps, ils sont affranchis de la détermination du gouvernement français à préserver tous les emplois. L'état de notre droit leur est précisé, qui impose de nouvelles obligations aux employeurs, depuis l'adoption par le Parlement de la loi dite « Florange ». L'argument du préjudice d'image est également évoqué, qui pourrait résulter d'une polémique sur les procédés du groupe Whirlpool, dans un contexte électoral français où tous les candidats seront tentés de se rendre au chevet du site d'Amiens, sans solution, mais avec la seule préoccupation d'un bénéfice politique immédiat. Bref, sans ménagement, la pression qu'ils ont mise sur les salariés et sur nous s'exerce désormais également sur eux, avec pour objectif de préserver le maximum d'emplois industriels.

À plusieurs reprises, les deux dirigeants de Whirlpool échangent entre eux, puis demandent une suspension de séance pour pouvoir arrêter une position. L'objectif est qu'ils acceptent d'entrer dans un processus de discussions avec le ministère de l'Industrie, qui nous donnerait le temps nécessaire à la construction d'une solution industrielle viable.

Au terme de longs conciliabules, Jeff Fettig donne son accord sur les objectifs et sur la méthode que nous lui avons proposés. Dans l'antichambre de mon bureau, nous convenons qu'il nous tiendra informés des discussions à venir, au sein de son groupe, afin que des informations fiables soient rapidement communiquées aux salariés. Après qu'il est parti me revient à l'esprit cet adage normand : « Une grande confiance ne doit jamais exclure une petite méfiance. »

Dimanche 15 janvier

La conférence pour la paix au Proche-Orient se tient à Paris, à l'initiative de Jean-Marc Ayrault. François Hollande y intervient pour rappeler l'attachement de la France à la résolution du Conseil de sécurité des Nations unies, adoptée sans aucune opposition parmi ses quinze membres, et qui réaffirme le soutien international à la solution des deux États, israélien et palestinien. Pendant que la France déploie ses efforts pour la paix, le nouveau président des États-Unis, qui n'a pas encore été investi, multiplie les polémiques à l'encontre de l'Union européenne et de ses dirigeants. En une déclaration seulement, il tend la main à la Russie de Vladimir Poutine, qualifie la politique migratoire d'Angela Merkel d'« erreur catastrophique », considère que l'Otan est obsolète et salue le succès du Brexit, qui annonce, selon lui, le départ d'autres pays de l'Union européenne : que la principale puissance mondiale se soit dotée d'un porte-parole aussi pénétré de l'esprit de nuance devrait donner du grain à moudre, pour quatre ans au moins, à toutes les chancelleries du monde.

En début de soirée se déroule le second débat de la primaire de la Belle Alliance populaire. Le premier, qui a eu lieu le 12 janvier, m'a déjà beaucoup attristé. Il a apporté la démonstration de l'émiettement de nos forces, dans un contexte où nos adversaires se mobilisent pour rassembler les leurs. Une fois encore, sept candidats, sagement alignés, cherchent à convaincre les électeurs de gauche de la pertinence de leur projet, en usant parfois les vieux ressorts des oppositions de congrès. Si chacun salue la décision de François Hollande de ne pas s'être représenté, alors même que ce choix résulte de l'organisation d'une primaire absurde et contre nature, Benoît Hamon développe un argument qui ajoute encore à l'incongruité du moment : le renoncement de François Hollande aurait été une bonne nouvelle, car il aurait permis de tourner plus vite la page du quinquennat qui s'achève. Comme Manuel Valls, Vincent Peillon, Sylvia Pinel ou Arnaud Montebourg, il a pourtant été ministre du président sortant. Il appartient à une famille politique, le Parti socialiste, qui demeure comptable, aux yeux des Français, de l'action qui a été conduite. Il est donc étrange qu'il pense pouvoir gagner l'élection en expliquant aux électeurs qu'il faut absolument poursuivre avec les socialistes, précisément parce qu'ils ont échoué. À moins qu'en se distinguant il espère, comme Arnaud Montebourg ou Vincent Peillon, tirer son épingle du jeu. Mais c'est alors compter sans le ressentiment que certains électeurs de gauche peuvent avoir à l'égard de la fronde permanente, qu'ils tiennent pour responsable, à tort ou à raison, de l'affaiblissement de la gauche de gouvernement.

Sur la question migratoire, le débat est, de ce point de vue, saisissant. En cinq ans, les gouvernements de François Hollande, faisant face à une crise d'une ampleur inédite, auront doublé le nombre de places en centre d'accueil pour les demandeurs d'asile ; ils auront ouvert, avec le concours des collectivités locales, plus de 400 centres d'accueil et d'orientation pour assurer l'accès à l'asile des réfugiés de Paris ou de Calais ; ils auront augmenté significativement les effectifs et les moyens des administrations chargées de l'asile et de l'immigration et fait adopter de nouvelles dispositions législatives pour réduire la durée de traitement des dossiers des demandeurs d'asile. Et, plutôt que de reconnaître cette action, qui contraste singulièrement avec la politique des pouvoirs précédents, le débat se focalisera sur les déclarations de Manuel Valls au sujet de la politique de la chancelière allemande, donnant ainsi le sentiment que la France a été totalement incapable d'assumer « le message que les peuples du monde ont appris à aimer d'elle », pour reprendre la très belle formule de François Mitterrand. Parmi les journalistes présents, aucun ne semble informé de ces données du dossier migratoire. Et personne n'intervient pour inviter les compétiteurs à renouer avec la réalité.

Ne pas avoir compris qu'en attaquant le quinquennat de François Hollande on légitime le vote pour Jean-Luc Mélenchon en poussant les électeurs sociaux-démocrates dans les bras d'Emmanuel Macron relève de la cécité, d'un excès de puérilité ou, je le redoute, des deux à la fois.

Lundi 16 janvier

Le commissaire européen chargé de la Migration, des Affaires intérieures et de la Citoyenneté, Dimitris Avramopoulos, est de passage à Matignon.

Sur le sujet migratoire, l'urgence est de poursuivre le programme de relocalisation des réfugiés décidé par l'Union européenne. La France – qui a déjà accueilli plus de 30 % des personnes relocalisées à partir de la Grèce – est le premier pays contributeur à ce plan. Pour atteindre cet objectif, je me suis rendu à plusieurs reprises en Grèce, mais aussi au Liban et en Turquie dans les camps de réfugiés. Le président de la République, lui non plus, n'a pas ménagé sa peine. Aujourd'hui, la convergence des politiques d'asile doit se poursuivre et les pactes migratoires doivent enfin être négociés avec cinq pays de transit et d'origine prioritaires (le Mali, le Sénégal, l'Éthiopie, le Niger et le Nigeria).

S'agissant de la sécurité des frontières extérieures, essentielle pour parvenir à la maîtrise des flux migratoire et pour lutter efficacement contre le terrorisme, des décisions ont été prises. Elles doivent être appliquées sans tarder. La mise en fonctionnement opérationnel de l'agence européenne Frontex, avec ses garde-frontières, ses garde-côtes et la mobilisation de sa réserve opérationnelle de 1 500 hommes, relève des priorités. Enfin, pour compléter le dispositif, l'adoption de textes depuis quelques mois en discussion doit être rapide désormais, qu'il s'agisse de l'intégration des ressortissants européens dans l'enregistrement des contrôles aux frontières extérieures (système entrées/sorties) ou du suivi de la traçabilité du parcours des voyageurs dispensés de visa court séjour, en amont de leur arrivée sur le territoire européen (« Esta européen »).

Au moment même où je reçois Dimitris Avramopoulos, le ministre de l'Intérieur et celui du Logement inaugurent ensemble, avec la maire de Paris, Anne Hidalgo, le centre d'accueil pour femmes et familles migrantes d'Ivry-sur-Seine, qui ouvrira ses portes jeudi, dans le sillage du centre de Paris, déjà dédié aux hommes. Cette structure, cofinancée par l'État et la mairie de Paris, et dont la gestion a été confiée à Emmaüs Solidarité, s'étend sur 4 800 mètres carrés et se répartit en six quartiers, organisés autour de petits bâtiments équipés de chambres modulables. L'ensemble doit abriter 400 personnes d'ici à la mi-mars. Le maire communiste d'Ivry, Philippe Bouyssou, a très volontiers accepté l'implantation de ce centre dans sa ville.

Dans la soirée, je fais part à Emmanuelle Cosse de mon exaspération à la lecture d'un article de presse sur les questions migratoires, écrit par une journaliste d'un grand quotidien national que la passion militante a éloignée depuis longtemps de toute mesure. Dans la convocation des postures habituelles et convenues, elle étrille notre politique et se réjouit que des collectivités locales, à l'instar des villes de Paris et d'Ivry notamment, aient le courage de faire ce à quoi nous aurions renoncé, par pusillanimité ou par trahison de nos idéaux humanistes. Je demande donc à Emmanuelle de réagir, pour rétablir les faits, ce à quoi elle me demande de bien vouloir renoncer, considérant que la vérité est de si peu d'importance pour ces commentateurs prévisibles que son évocation serait interprétée comme une manifestation supplémentaire de notre culpabilité ou de notre souhait d'empêcher la presse d'accomplir sa mission… En repensant au débat d'hier entre les candidats à la primaire de la Belle Alliance populaire et à la lecture de ces articles de presse, je comprends que la France entre, elle aussi, dans l'ère de la post-vérité et que la dénoncer nous exposerait au procès d'être incapables de la moindre autocritique. Comme si la demande d'être critiqué à partir des faits et pas des représentations ne relevait pas d'une saine exigence démocratique.

Mardi 17 janvier

Alors qu'il est en déplacement à Lamballe, Manuel Valls est pris à partie physiquement, par un identitaire breton.

La violence verbale qui se déploie désormais sur les réseaux sociaux, souvent dans l'anonymat, a fini par créer un climat nauséabond, qui valorise l'outrance, abaisse la parole publique et corrompt les comportements politiques.

Au sein des élites les plus établies, la transgression est également en vogue. La conformité à certains usages, le respect de l'autre – surtout si ses idées sont différentes – sont au mieux perçus comme désuets, le plus souvent comme de la componction. Depuis quelques semaines déjà, je suis frappé par le nombre d'éditoriaux qui louent le comportement transgressif de tel ou tel responsable politique qui, en abandonnant les principes de loyauté ou de pondération, longtemps perçus comme des manifestations de la vertu républicaine, aurait témoigné du plus grand génie politique, dans l'art de la conviction ou de la conquête du pouvoir. Le mal que l'on peut faire aux institutions apparaît ainsi secondaire, voire bienvenu, s'il permet d'atteindre le but ultime. C'est à l'abri de tels raisonnements, déployés à l'infini et sans retenue, que les populismes ont fini par s'enkyster dans la démocratie. Dans un univers politique où la transgression devient une vertu, il ne faut pas s'attendre à ce que le respect demeure longtemps la modalité de la relation interpersonnelle.

Demain aura lieu à l'Élysée une réunion de ministres sur la mise en place du plan « Grand froid ». Dans cette perspective, aux alentours de 20 h 30, je me rends avec Emmanuelle Cosse au Samu social d'Ivry-sur-Seine. Dans la salle du centre d'appels, où nous commençons la visite, les téléphones sonnent sans discontinuer, pour signaler des personnes sans abri, le plus souvent en situation de grande détresse. Sur un écran s'affiche le nombre de places disponibles, un peu supérieur à 70, alors que, la veille, 5 000 appels ont été reçus par ce centre.

Plus tard dans la soirée, nous effectuons une maraude avec l'une des douze équipes qui seront mobilisées pour intervenir auprès des sans-abri, jusqu'à 5 heures du matin. À proximité du cours de Vincennes, devant la devanture d'une grande surface, nous tentons de persuader une personne de se rendre dans un centre d'accueil, où elle pourra dormir à l'abri et prendre un repas chaud. Visiblement connue des maraudeurs et entretenant avec eux une relation ancienne de confiance, elle s'y refuse absolument, évoquant dans un récit confus la distribution dans ces centres d'un chocolat toxique, qui aurait les effets immédiats d'un poison… Je décide de m'y mettre moi aussi pour essayer de la convaincre. Elle me montre alors un vieux porte-bagages à roulettes, sur lequel sont entassés des sacs. Après les avoir ouverts, elle en sort des habits d'hiver, en m'expliquant qu'ils la protégeront mieux du grand froid que ce lieu clos où nous voulons l'enfermer. Dans une ultime tentative, je l'invite à se protéger contre d'éventuelles agressions nocturnes, mais elle me répond n'avoir été poignardée qu'une seule fois en quinze ans et que les risques de l'être à nouveau sont moindres que ceux d'être empoisonnée par le mauvais chocolat. À bout d'arguments, je regarde les maraudeurs prendre le relais et s'occuper de cette personne, si vulnérable, avec une belle humanité.

Mercredi 18 janvier

À l'heure du déjeuner, je présente mes vœux à la presse. Dans la salle du Conseil de l'Hôtel de Matignon, aménagée à cet effet, les journalistes sont venus nombreux. Benjamin Sportouch, président de l'Association de la presse ministérielle, ouvre la cérémonie par un propos suffisamment taquin et distancié pour que nul dans la salle ne puisse le soupçonner de vouloir m'être agréable. Tout simplement m'invite-t-il, avec délicatesse, à confirmer mon intention de prendre prochainement ma retraite de la vie politique, puisque j'ai déjà fait savoir que je ne serais pas candidat aux élections législatives dans ma circonscription de Cherbourg.

La liberté de ton étant de mise, je m'emploie, dans cette période où la transgression est à la mode, à rappeler, très classiquement, quelques valeurs auxquelles je crois, au premier rang desquelles figure la fidélité :

« J'ai bien entendu des fidélités. Pour moi, la politique et la fidélité sont deux choses qui vont ensemble. Et en disant cela, je ne formule rien contre personne, je m'empresse de vous le confirmer, j'exprime simplement ce à quoi je crois. Je crois à la fidélité par tempérament. Je crois à la fidélité en raison de ma conception des institutions. Je crois à la fidélité parce que, dans la vie politique, lorsque vous êtes engagé auprès d'une personnalité qui vous a donné sa confiance, vous devez, dans l'exercice de vos responsabilités, accomplir avec rigueur, et si possible dignité, les missions qui vous ont été confiées. Ne pas le faire, c'est déroger. Je suis sincèrement désolé si cela vous paraît démodé. Mais c'est là ma manière d'être et ma conception de la vie publique. Je suis donc à la tête de la majorité, dans une loyauté totale à l'égard du président de la République, et je n'entends pas, dans la période où nous nous trouvons, me comporter autrement. Je dois aussi vous faire un aveu. J'ai moins de passion pour ma personne que pour l'exercice de l'État. Je me sens donc condamné à n'être jamais à la hauteur de vos attentes, mais je prends mon risque. Par ailleurs, la vie politique ne manque pas d'acteurs, qui combleront vos aspirations pyrotechniques, votre goût prononcé pour le spectacle vivant. Quant à mon avenir après Matignon, la retraite à cinquante-quatre ans n'est pas la pente des réformes les plus récentes, me semble-t-il. »

Lorsque je descends de l'estrade pour saluer les journalistes, je suis happé par certains d'entre eux, qui me posent mille questions sur la nature des relations entre François Hollande et Emmanuel Macron, sur le moral du président, plus d'un mois après son renoncement à se présenter à la présidentielle, sur ma détermination à soutenir Benoît Hamon s'il venait à être désigné, sur les raisons pour lesquelles François Hollande s'est rendu au théâtre, le soir du premier débat de la primaire… Sur tous ces sujets, j'ai bien entendu mon sentiment. Mais le livrer reviendrait à alimenter des brèves de presse qui chaque semaine me font bondir, en transformant des propos anodins, passés au tamis du Tout-Paris bavard, en des « on-dit » plus ou moins malveillants.

Jeudi 19 janvier

Le principal défi auquel la France sera confrontée dans les prochaines années, si elle souhaite lutter efficacement contre le terrorisme, est celui du retour d'Irak et de Syrie des mineurs embrigadés dans des groupes djihadistes. Ce matin, à Matignon, un comité de pilotage interministériel se réunit afin de définir une stratégie de long terme.

Selon les dernières statistiques des services de renseignement, environ 700 Français sont encore présents au sein de Daech, notamment à Mossoul et Raqqa, et 400 enfants ont été emmenés par leurs parents ou ont vu le jour sur les théâtres des exactions terroristes, dont une vingtaine ont déjà combattu. Ces mineurs sont susceptibles de constituer de véritables bombes à retardement.

La difficulté est d'abord celle des règles de droit, qui protègent fort heureusement les mineurs. Elles n'ont pas été modifiées pour tenir compte de la singularité de la situation de ceux qui reviennent de Syrie ou d'Irak. La conviction de l'ensemble des professionnels concernés, notamment des magistrats, est qu'un traitement exclusivement répressif de leurs cas conduirait à différer les difficultés liées à leur réinsertion, après les avoir sensiblement aggravées. La diversité des profils, les problèmes de santé mentale induits par les traumatismes occasionnés par la fréquentation quotidienne de la violence extrême exigent la mobilisation d'équipes pluridisciplinaires formées et agissant dans la durée. J'aimerais sur cette question favoriser une approche consensuelle et faciliter la tâche de ceux qui nous succéderont. J'espère que la réunion de ce matin pourra concourir à cet objectif.

Vendredi 20 janvier

C'est la traditionnelle cérémonie des vœux à la Cité de la mer, à Cherbourg. Ici commence ma tournée des adieux. Non pas que je souhaite abandonner ce territoire qui m'a tant donné, mais j'envisage de lui demeurer fidèle par d'autres formes d'engagement, tout en laissant à une nouvelle génération le soin de prendre le relais. Depuis vingt-six ans, je me suis presque entièrement consacré à la vie publique et, avec le recul du temps, j'en éprouve de la fierté.

À Cherbourg, la durée m'a permis d'engager un vaste programme de renouvellement urbain, pour reconfigurer les quartiers d'habitat social et organiser la ville autour de ses bassins afin de mieux affirmer sa vocation maritime. En lien avec les élus et les citoyens, la modernisation de la gouvernance des collectivités locales a été engagée. Elle a abouti à la fusion des communes de Cherbourg et d'Octeville en 2001, préfigurant la réalisation, quinze années plus tard, d'une commune nouvelle plus large encore.

Au gouvernement, dans les moments de tempête, j'ai réalisé à quel point la passion de l'État pouvait se distinguer de celle du pouvoir. C'est ainsi que j'ai toujours conçu le plus grand respect pour ces grands serviteurs, ministres ou préfets, qui parvenaient à hisser leur mission au-dessus de leur personne, et me suis tenu à une saine distance des « accros du pouvoir », qui se plaçaient d'autorité au centre du jeu, sans s'effacer jamais, de peur qu'on ne les oublie.

Après trois mandats consécutifs de député, de maire, cinq ans passés au gouvernement, il eût été indécent de reprendre des mandats que j'avais jadis exercés en éconduisant ceux qui, en mon absence, avaient donné le meilleur d'eux-mêmes pour me suppléer. Eux aussi devaient pouvoir disposer du temps nécessaire à l'accomplissement de leur projet et de leur vie publique, sans avoir à vivre avec la perspective de mon retour et de l'interruption de leur mandat.

Ce choix a suscité des commentaires intéressants autant qu'inattendus. Il y a d'abord eu ceux qui ont cru à une manœuvre de diversion, destinée à dissimuler le dessein de demeurer à tout prix dans le jeu, par-delà la fin du quinquennat. Certains, à l'inverse, ont considéré qu'en ne me présentant pas aux élections dans ma circonscription je me retirais de la vie politique, en m'interdisant d'exprimer à l'avenir ce que je croyais juste et bon pour mon pays. Comme si, à l'heure de la consécration de la société civile, il était interdit de penser, d'écrire ou de parler, après avoir renoncé, pour de bonnes raisons, à ses mandats électifs. D'autres enfin, grands promoteurs de la « politique autrement », y ont vu la manifestation d'un abandon face à l'adversité ou d'un décalage face à l'avènement d'une période nouvelle, faite de modernité et de vertu. Situés sur tous les bancs de la représentation nationale, ils étaient de farouches partisans du mandat unique, de la limitation du nombre de mandats dans le temps, du grand renouvellement du personnel politique, de la démocratie participative. J'obtenais ainsi confirmation que, s'ils défendaient bien la modernisation de la vie politique, au point d'en faire un étendard, ils concevaient plus difficilement qu'on pût l'appliquer à soi-même, car s'ils étaient tous croyants, très peu d'entre eux, en effet, étaient pratiquants.

Dimanche 22 janvier

Les résultats du premier tour de la primaire de la Belle Alliance populaire laissent entrevoir la nette victoire de Benoît Hamon, dimanche prochain. La participation annoncée par le Parti socialiste est inférieure de moitié à celle constatée pour la désignation du candidat de la droite, en novembre dernier. Mais elle est supérieure aux pires des hypothèses qui la plaçaient, depuis quelques semaines, en deçà du million d'électeurs. De ma circonscription de Cherbourg me parviennent des informations préoccupantes : dans certains bureaux de vote, les électeurs socialistes ont été moins nombreux à se déplacer que ceux de la gauche radicale, très mobilisée contre le gouvernement au moment de la « loi travail ». C'est en tous les cas le sentiment des assesseurs des principaux bureaux de vote de la ville. Les ministres que j'interroge me font remonter de leurs territoires des constats similaires.

Après la divulgation des premiers résultats, Manuel Valls appelle les électeurs « à choisir entre la défaite annoncée et la possible victoire ». Benoît Hamon maintient son cap d'une ligne où la justice sociale et l'aspiration écologique se conjugueraient l'une à l'autre. Arnaud Montebourg appelle à voter pour lui et Sylvia Pinel pour Manuel Valls.

Ce soir, le Parti socialiste est en miettes. Le cycle ininterrompu des divisions, des jeux d'appareil, des positionnements égotiques et dérisoires, dans un contexte où le pays avait besoin de sagesse et de responsabilité, aura eu raison de ce qui lui restait encore de crédibilité. La contestation de la ligne gouvernementale sera sans doute victorieuse dans une semaine. Si tel est le cas, les électeurs socialistes, encore dans l'expectative, iront voter pour Emmanuel Macron, afin d'éviter le duel dont ils ne veulent à aucun prix entre Marine Le Pen et François Fillon. Et pour ceux qui n'auront pas été désespérés de voter à gauche, malgré tout, ils finiront par préférer l'original à la copie et se tourneront vers Jean-Luc Mélenchon, si la campagne de la fronde victorieuse devait conduire, sans recentrage aucun, à la condamnation sans nuance du quinquennat.

Dans ce contexte qui est le pire qu'on pouvait imaginer, alors qu'il est très tard dans cet immense bureau de Matignon où je suis seul, j'ai la conviction que la gauche de gouvernement est à la peine et que celle qui gouverne encore, pour quelques semaines, devra s'employer à donner d'elle-même le meilleur visage, en dépit de circonstances qui ne lui seront pas favorables. Demain matin, j'appellerai les ministres individuellement pour leur demander d'apporter leur soutien à Manuel Valls, car je pense que son échec serait l'assurance de notre disparition à court terme, même si je ne suis pas assuré que son succès nous en protégerait à coup sûr. Non qu'il manque des qualités nécessaires – il en a fait montre dans l'exercice du pouvoir –, mais par l'effet lent et insidieux des tensions et des divisions dont nous sommes collectivement comptables et qui sont devenues le poison de la gauche.

Lundi 23 janvier

Pour la première fois en Ile-de-France, pour faire face au niveau très élevé de concentrations de particules fines, la circulation différenciée sur la base des certificats Crit'Air est instaurée. Ce dispositif de labellisation de la qualité de l'air permet de classer les véhicules en fonction de leurs émissions de polluants atmosphériques et de n'autoriser que la circulation des moins nuisibles pour l'environnement. La circulation différenciée, plus lisible et plus efficace, se substitue ainsi à la circulation alternée. Sous l'impulsion de Ségolène Royal, plus de 3 millions de certificats ont été commandés. Une campagne a aussi été lancée, destinée à inciter les Français à s'approprier cette mesure, afin de faciliter le travail de contrôle accompli par les forces de l'ordre.

Alors que j'évoque par téléphone, avec Ségolène Royal, son plan de communication, destiné à populariser cette mesure nouvelle, François Hollande m'appelle à son tour.

Le président est en voyage au Chili et en Colombie. La date qu'il a choisie pour ce déplacement, comme sa présence au théâtre le soir du premier débat télévisé de la primaire, ont fait l'objet de commentaires grinçants de la part des socialistes et de la presse. Je le sens aujourd'hui préoccupé. Et même si son tempérament ne laisse que peu de place aux épanchements, il y a chez lui de la tristesse. Comme à l'accoutumée, il passe au tamis de sa pensée rapide les conséquences de la machine infernale mise en mouvement par les socialistes eux-mêmes, et qui finira par les disqualifier. Contrairement à ce que de nombreux articles de presse se plaisent à relayer, il ne souhaite pas la victoire d'Emmanuel Macron, ni ne manifeste d'ailleurs à son encontre la moindre amertume. Il ne spécule pas davantage sur l'échec de ses amis politiques en espérant un éventuel retour. Il souhaite simplement que la gauche continue, que les socialistes ne disparaissent pas. Il pense que, pour cela, il doit être rendu justice à son action.

Mardi 24 janvier

Une dépêche AFP tombe aux alentours de 19 h 30, dont la première phrase peut être reçue comme un encouragement : « Malgré un mauvais mois de décembre, l'inversion de la courbe du chômage, tant promise par François Hollande, s'est bel et bien concrétisée en 2016, Pôle emploi enregistrant sa première baisse annuelle depuis 2017. »

En 2016, le chômage a en effet diminué d'environ 3 %, ce qui représente 107 400 personnes, et celui des jeunes de plus de 8 %. Myriam El Khomri souligne dans un communiqué « cette embellie qui intervient après huit années consécutives de hausse ». Mais, dans l'esprit des commentateurs, une bonne nouvelle qui arrive trop tard est d'abord un train qui n'arrive pas à l'heure...

Mercredi 25 janvier

Le Canard enchaîné, dans son édition datée d'aujourd'hui, révèle que Pénelope Fillon aurait été rémunérée pendant huit années comme attachée parlementaire de son époux, ou de son suppléant, ainsi que par la *Revue des Deux Mondes*. Les sommes perçues s'élèveraient à plus de 500 000 euros. À partir de Bordeaux, où il se trouve en déplacement, François Fillon contre-attaque en déclarant : « Je vois que la séquence des boules puantes est ouverte… »

À l'occasion de notre déjeuner avec le président de la République, qui se tient exceptionnellement le mercredi, nous évoquons l'affaire révélée par *Le Canard enchaîné*. Nous sommes, l'un comme l'autre, surpris par la nature des informations divulguées, qui ne correspondent pas à ce que nous percevons de la personnalité de François Fillon. Personnellement, je n'ai jamais douté de son intégrité. Il ne me viendrait donc pas à l'esprit d'alimenter des polémiques par voie de presse. Par ailleurs, mon aversion pour les phénomènes de meute, où le bénéfice escompté de la curée justifie tous les acharnements, me conduirait naturellement à m'abstenir de tout commentaire. François Hollande entend ces arguments et comprend ma réserve.

En fin d'après-midi, le Parquet national financier annonce ouvrir une enquête préliminaire. François Fillon s'en réjouit, considérant que ces investigations judiciaires permettront « de faire taire une campagne de calomnies ».

Jeudi 26 janvier

Hier soir, nous avons regardé en famille, à Matignon, l'ultime débat de la primaire qui a opposé Manuel Valls à Benoît Hamon. Deux couples d'amis cherbourgeois, de passage à Paris, se sont joints à nous, ainsi que le président de la République.

Pendant la soirée, François Hollande n'a fait que peu de commentaires. Il n'a rien laissé paraître de ses sentiments. Par le jeu des regards échangés, j'ai compris ce qu'il pensait de la performance des acteurs, mais aussi du sens politique profond du moment que nous vivions ensemble, comme un déchirement. Certes, rien dans le débat entre les protagonistes n'a laissé présager une rupture à venir, ni des dégâts irréparables. Le ton a été la plupart du temps respectueux, et le plus souvent aimable. Mais les divergences sont apparues au grand jour, présentant deux visions de la société et deux conceptions du rôle de la gauche face à l'exercice de la responsabilité du pouvoir. À tel point que certains journalistes ont pu parler de « mésentente cordiale ». Manuel Valls s'est dit à juste titre inquiet d'une vision emportant la disparition du travail, et induisant un message d'« abdication » face au chômage, matérialisé par la proposition du revenu universel. Faisant référence à son financement, il a redit qu'il ne s'agissait pas seulement de faire rêver, mais davantage d'être crédible et a repris à son compte le slogan d'Arnaud Montebourg, en se proclamant « candidat de la fiche de paie ». Dans une réponse qui se voulait prospective, Benoît Hamon a de nouveau insisté sur la raréfaction du travail induite par la robotisation de l'économie, sur l'urgence de s'y préparer – car la politique est un art de l'anticipation – et sur la montée en puissance progressive du revenu universel comme réponse financièrement soutenable à un défi inédit de société. Sur la laïcité, la même incompatibilité des positions est apparue, sans qu'il soit possible de trouver entre les deux candidats un terrain d'entente. Pourtant, ce débat a moins révélé le rapport de forces entre deux personnalités aux approches incompatibles qu'il n'a contribué à nous convaincre de l'impossibilité de faire face à l'adversité, en l'état de nos insurmontables divisions.

Alors que la campagne présidentielle commence à occuper tout l'espace, le gouvernement doit poursuivre sa mission. En cette fin de législature, les sujets de mobilisation ne manquent pas.

Comme je m'y étais engagé devant le Parlement, je reçois à Matignon les élus picards, emmenés par Xavier Bertrand. Toutes les questions sont sur la table, en vue de la signature du pacte de redynamisation de l'Amiénois, qu'il s'agisse de la réalisation longtemps promise du barreau ferroviaire, qui permettra d'assurer la liaison entre le bassin d'emploi et l'aéroport de Roissy, de la modernisation des quartiers portée par les crédits de l'Agence nationale de la rénovation urbaine, ou encore du bouclage financier de la restructuration du Centre hospitalier universitaire. En sortant de la réunion, Xavier Bertrand exprime sa satisfaction, non pour m'être agréable, mais simplement parce qu'il sait, avec intelligence, obliger ses interlocuteurs à faire ce pour quoi il les a sollicités.

En fin de matinée, l'installation du conseil d'orientation des politiques de jeunesse, au palais de la Porte Dorée, offre l'opportunité de dresser le bilan de l'action du quinquennat en faveur de la jeunesse et d'évoquer quelques perspectives pour l'avenir : la garantie jeune aura permis à 100 000 personnes de bénéficier d'une allocation mensuelle sans laquelle elles auraient dû faire face à la plus grande précarité ; 300 000 emplois d'avenir auront été créés ; le chômage des jeunes aura baissé de plus de 10 % durant le quinquennat. La prime d'activité, la création de 160 000 bourses universitaires et de 27 000 logements sociaux dédiés aux étudiants, le développement du service civique auront constitué d'autres d'avancées de nature à changer la vie de la jeunesse de notre pays. Au moment où je quitte la Porte Dorée, des membres du conseil d'orientation expriment leurs craintes de voir remis en cause tous ces acquis, alors que certains candidats à la présidentielle, notamment à gauche, pointent l'absence d'ambition pour la jeunesse du quinquennat qui s'achève…

Vendredi 27 janvier

Avec Jean-Yves Le Drian et le secrétaire d'État à l'Enseignement supérieur, Thierry Mandon, nous nous rendons à Brest pour inaugurer un campus numérique unique en Europe et procéder à la signature du contrat métropolitain.

Pour la première fois depuis que nous nous connaissons, j'observe Jean-Yves Le Drian dans son écosystème. Les élus socialistes bretons, qui savent ce que leur territoire lui doit, sont avec lui d'une parfaite loyauté. La députée brestoise Patricia Adam, présidente de la commission de la Défense nationale et des Forces armées, s'est évertuée, tout au long du quinquennat, à mobiliser les députés de la majorité autour de l'ardente nécessité de préserver le budget de la Rue Saint-Dominique. Elle y est d'ailleurs parvenue avec succès. Le maire de Brest, François Cuillandre, est pour sa part un élu ombrageux et bougon, que j'ai toujours apprécié pour sa rectitude, pour la solidité de ses convictions et pour son sens profond de la fidélité. Aujourd'hui, ils sont tous là, réunis autour du ministre de la Défense et du Premier ministre, avec cette indestructible solidarité qui les lie les uns aux autres et qui explique beaucoup de la réussite bretonne.

Pendant les quelques rares moments où nous pouvons nous parler, nous évoquons avec Jean-Yves Le Drian le contexte politique et la probable victoire de Benoît Hamon, à l'issue du second tour de la primaire, dimanche prochain. Le ministre de la Défense me confirme qu'il ne lui sera pas possible de le soutenir, s'il venait à l'emporter, et qu'il fera à ce moment-là le choix d'apporter son concours à Emmanuel Macron, tout en m'assurant qu'il restera socialiste, quoi qu'il advienne, par conviction, mais aussi parce qu'il ne nourrit qu'un seul projet, celui de revenir en Bretagne pour s'y investir pleinement. Chez François Cuillandre, de façon assez prévisible, je perçois un attachement plus viscéral au Parti socialiste, qu'il manifeste en maugréant.

Au moment de quitter la Bretagne, où j'ai senti affleurer de nouveaux signes de division, je sais que de mauvais vents sont encore à venir.

Dimanche 29 janvier

Benoît Hamon a gagné la primaire de la Belle Alliance populaire. Il est désormais notre candidat pour l'élection présidentielle. Dans la déclaration qu'il prononce, après la proclamation des résultats, il affirme sa volonté de rassembler les siens et adresse un salut amical à Manuel Valls. Mais à peine s'est-il conformé aux formules d'usage qu'il indique vouloir rencontrer dès le lendemain les amis de Yannick Jadot et de Jean-Luc Mélenchon, afin d'établir avec eux ce qui ressemble à un contrat de législature. Très sincèrement, je ne vois pas comment les électeurs et les responsables socialistes, qui ont subi la fronde depuis cinq ans, pourraient aspirer à la voir s'élargir à la gauche radicale, voire à l'extrême gauche. Parmi les amis du vainqueur, certains expliquent que Benoît Hamon, « telle la déesse Shiva », s'apprête à tendre plusieurs mains à la fois.

De son côté, Manuel Valls déclare : « Je ne pourrai pas défendre son programme, mais je serai loyal parce qu'il y a des règles pour la primaire, je m'effacerai. » Mais, dans son entourage, certains comme

Philippe Doucet évoquent un « droit de retrait de la campagne de Benoît Hamon » et n'excluent pas d'appeler à voter pour Emmanuel Macron.

Dans ce contexte mouvant, Benoît Hamon dispose des clefs de sa campagne. Soit il se recentre pour rassembler les siens, et il existe alors une petite chance de ne pas disparaître, soit il court après les écologistes et La France insoumise, et c'en est fini de sa campagne.

Nous convenons de nous voir le lendemain pour lui dire franchement mon sentiment.

Lundi 30 janvier

Mes rencontres hebdomadaires avec le président de la République ont leur rituel. Alors qu'avec mon prédécesseur il était d'usage que le secrétaire général de l'Élysée et la directrice de cabinet du Premier ministre fussent associés à la conversation au moment du café, tout se passe désormais en tête-à-tête. Certes, cela permet d'aborder les sujets politiques sans prendre de précautions, mais cela présente le grand désavantage de compliquer le suivi des arbitrages rendus.

Chaque lundi, le président de la République se fait attendre. Du salon jouxtant la salle à manger, qui s'ouvre sur le parc, on peut constater la métamorphose des plantes et des arbres selon le rythme des saisons. Si le regard s'amuse à suivre la perspective offerte par l'alignement des arbres centenaires jusqu'au dernier d'entre eux, à proximité du grand bassin, il devient alors possible de se livrer à l'inventaire des aménagements nouveaux réalisés par les jardiniers de l'Élysée : sur la gauche, les allées, ordonnées classiquement, desservent des carrés de roses buissonnantes qui fleuriront au printemps et au milieu desquels, comme l'an dernier, surgiront peut-être des plants de tomates. La roseraie présente une grande variété d'espèces, où dominent les fleurs anciennes, qui ont la délicatesse des églantiers au printemps. Plus loin, des hydrangeas se mêlent à des azalées, à l'ombre d'un immense chêne, où un massif de plantes de bruyère a réussi à prospérer, à ma grande surprise. Car les grands arbres n'acceptent généralement rien dans le périmètre de leur ombre portée. Mais en ces mois d'hiver, il faut avoir vu ces plantes dénudées dans son propre jardin et bien les connaître pour parvenir à les distinguer dans l'immensité du parc et les imaginer luxuriantes à partir du mois de juin.

C'est souvent lorsque le regard se laisse aller à cette promenade hebdomadaire que le maître d'hôtel vient à moi, pour me présenter le menu. Celui du président de la République est prévisible : une entrée, une viande rouge, la plupart du temps agrémentée de pommes de terre et un dessert, où le chocolat domine. Systématiquement, je demande qu'on s'en tienne au plat principal, pour ce qui me concerne, en implorant qu'on m'épargne et me serve un poisson-vapeur et une salade croquante. Mais lorsque je vois les desserts arriver dans l'assiette de mon hôte, notamment la glace au chocolat, ou le moelleux au chocolat, ou encore l'éclair au chocolat, à moins que les profiteroles, qu'il semble aimer par-dessus tout, ne nous soient proposées avec leur coulis de chocolat chaud, je cède la plupart du temps et capitule en rase campagne. Et si, par faiblesse, je me laisse aller aux mignardises qui accompagnent le café, c'en est fini des choses sérieuses, le temps que les railleries du président achèvent de me culpabiliser de ma gourmandise et de mon caractère velléitaire – face aux desserts seulement.

Aujourd'hui, nous partageons avec François Hollande une certaine tristesse et la même analyse des risques qui se présentent à la gauche de gouvernement : elle ne sera pas représentée dans le scrutin présidentiel et, de ce fait, sera sérieusement menacée de disparaître. Je n'imagine pas qu'on puisse faire l'impasse sur le résultat de la primaire en ne soutenant pas loyalement le vainqueur. Que resterait-il alors de la crédibilité de notre parole, si nous devions procéder ainsi ? Mais nous ne pouvons pas non plus nous engager sans condition aux côtés d'un candidat dont les amis ont oublié pendant près de cinq ans de soutenir le gouvernement. Il me faut donc dire à Benoît Hamon que, s'il mène sa campagne en frondeur, dans l'obsession d'une alliance avec les écologistes et Jean-Luc Mélenchon, ainsi que dans une sourde hostilité au gouvernement, il ne bénéficiera pas de mon soutien.

Le matin même, j'ai fait part aux ministres du gouvernement de ma démarche et leur ai demandé, une nouvelle fois, de demeurer unis dans l'exercice de leurs responsabilités. Pour bien les connaître, j'aurais pu par avance donner la liste de ceux, très peu nombreux, qui n'attendraient pas le premier tour de l'élection présidentielle pour s'engager derrière Emmanuel Macron : certains par conviction ; d'autres par addiction au pouvoir et avec le secret espoir de demeurer au gouvernement, les derniers, enfin, avec le souci de bénéficier de l'investiture d'En marche ou d'une certaine mansuétude dans leur propre circonscription.

Dans mon bureau, l'entretien avec Benoît Hamon est cordial. J'ai pour lui de la sympathie. Il a été un très bon ministre. À l'époque où nous étions ensemble à Bercy, c'est vers lui que mon cabinet se tournait lorsqu'il s'agissait de me seconder dans les discussions budgétaires, car il avait du sens politique et une excellente maîtrise des sujets techniques les plus complexes. Mais, depuis son départ du gouvernement, nos désaccords ont été de plus en plus nombreux, sans que jamais notre relation s'en trouve altérée.

Très vite, notre échange révèle l'étendue de ce qui nous sépare. Il pense que la primaire a consacré le rejet du quinquennat par les électeurs de gauche ; je pense pour ma part qu'elle révèle la fuite de nos électeurs vers Emmanuel Macron, sous l'effet conjugué des divisions et de la fronde. Il pense qu'il faut prendre le temps de négocier avec les écologistes et Mélenchon dans l'espoir de l'émergence d'une nouvelle gauche ; je pense qu'il doit d'abord rassembler son camp en recentrant son discours, sauf à prendre le risque de disparaître des écrans. Il pense qu'il doit incarner une espérance pour l'avenir ; je le rejoins sur ce point, à condition que cette espérance s'inscrive dans la crédibilité et la responsabilité d'un discours comme dans la continuité d'un bilan.

Au moment où nous nous quittons, après nous être parlé franchement, je m'adresse à la presse pour dire ce que je crois juste. Au fond de moi, j'ai la conviction que Benoît Hamon imagine pouvoir gagner tout seul, porté par l'irrépressible espoir qu'il pense avoir soulevé. Je m'ouvre à certains de mes collaborateurs de mon pessimisme.

Mais beaucoup d'entre eux pensent, comme moi, qu'il est de notre devoir d'être disponible pour l'aider. Le soir, à 20 heures, je le regarde au journal télévisé. Je le trouve bon. Je décroche mon téléphone pour le lui dire. Il semble heureux, comme grisé.

Mercredi 1er février

François Fillon s'enlise dans ce que la presse a fini par appeler le « Penelopegate ».

Parmi les parlementaires du groupe Les Républicains, certains ne le ménagent pas et commencent à évoquer un plan B, qui consisterait en la désignation, dans l'urgence, d'une personnalité de substitution. Le député du Rhône, Georges Fenech, est comme toujours disponible pour occuper les plateaux des chaînes d'information en continu, où il excelle à faire des phrases. Alors qu'il ne représente que lui-même – et encore pas tous les jours, pour reprendre la célèbre formule d'Edgar Faure –, il parle pour la première fois de la caducité des résultats de la primaire, « face à un événement imprévisible, qui se situe non seulement sur le registre judiciaire, mais également sur un plan éthique et moral ». Ayant toujours considéré que la véritable nature d'un homme politique se révèle lorsqu'il s'abaisse à donner de la voix dans la meute, bien que personne ne soit venu solliciter son avis, j'éprouve la plus grande réserve face à ce type de déclarations qui ne traduisent aucun courage, mais une forme d'opportunisme prévisible et sans panache. De leur côté, les partisans d'Alain Juppé, à l'instar du député de la Manche Philippe Gosselin, réclament son retour, l'obligeant ainsi à se placer en retrait, de crainte sans doute de voir s'instruire à son encontre un procès en intrigues politiques qui ne manquerait pas d'altérer son image d'homme d'État.

Pour sa part, François Fillon choisit une défense singulière, en dénonçant un « coup d'État institutionnel venant de la gauche ». Dans cet inefficace contre-feu, les références aux « officines », aux « opérations professionnelles », à la « calomnie » se multiplient sans qu'il soit possible d'en savoir davantage. Pour le président de la République, pour le garde des Sceaux comme pour moi, la presse demeure la seule source d'information. Les procédures judiciaires, qui sont présentées comme la preuve de ce coup d'État institutionnel, ont été diligentées par des magistrats qui ne sollicitent aucune autorisation, ni ne rendent aucun compte, ce qui est conforme à l'état du droit et ne peut justifier d'aucun grief à leur encontre. Enfin, François Fillon avait indiqué au mois de janvier attendre des enquêtes ouvertes qu'elles finissent par mettre fin à la calomnie en établissant la vérité. Mais il les considère désormais comme les instruments d'un vaste complot ourdi par ses adversaires, et dont il serait la victime malheureuse.

Ces polémiques sont un poison pour la République. Elles ruinent l'indispensable confiance dans les institutions et ceux qui les dirigent. Elles transforment la démocratie en un théâtre d'ombres.

Au point où en est François Fillon, je ne vois pas comment il pourra tenir. Je ne comprends pas comment les quinze jours supplémentaires qu'il a demandés aux parlementaires ce matin pourront être autre chose qu'un chemin de croix.

Jeudi 2 février

En visite au Salon des entrepreneurs, Emmanuel Macron a sobrement indiqué qu'un mouvement était en cours en sa faveur. Selon les récentes études d'opinion, il bénéficie en effet de l'effondrement du candidat des Républicains, qui passe au-dessous de la barre symbolique des 20 % d'intentions de vote. Ce contexte nouveau lui donne désormais de sérieuses chances d'être présent au second tour de l'élection présidentielle, sans doute face à Marine Le Pen. Il a donc raison de considérer que les planètes s'alignent favorablement. Mais à un moment où le pays est rongé par l'angoisse du lendemain, il doit aussi s'amuser de voir ceux qui ont été incapables d'imposer de la dignité ou de la crédibilité dans le débat public contribuer à donner de la force à sa candidature, dont le principal objectif est la conquête fulgurante du pouvoir par l'implosion subite du système. Ce qui me préoccupe dans cette tectonique des plaques, c'est que j'ignore quelles valeurs elle porte, quels principes elle défend, quel ordre elle contribue à instaurer, par-delà l'avènement au pouvoir d'un homme dont l'ambition et la vision semblent se confondre. Or les Français n'aiment pas le désordre…

Dans la journée, au Salon Euromaritime, les professionnels de la mer, notamment des pêcheurs, me font part des inquiétudes que leur inspire la perspective du Brexit.

Avec les Anglais, les tensions ont toujours été fortes lorsqu'il s'est agi de faire prévaloir nos intérêts nationaux, dans le respect des règles européennes. Sur la question de l'accès aux zones de pêche, notamment, les Français ont été amenés à mettre régulièrement en cause les pratiques britanniques dans les eaux nationales les plus riches en ressources halieutiques. Pour défendre les droits historiques des pêcheurs français sur le banc de la Schôle, à proximité des îles Anglo-Normandes, j'ai dû, à plusieurs reprises, m'impliquer dans des négociations complexes et interminables. Ce fut le cas plus particulièrement au milieu des années quatre-vingt-dix lorsque, jeune député de la Manche, je découvrais l'étendue des prétentions de nos partenaires britanniques face aux droits, pourtant établis, des pêcheurs du Cotentin.

À l'heure du Brexit, nous partageons aujourd'hui ces souvenirs et les leçons qu'ils nous inspirent pour demain. Les pêcheurs ont besoin d'être rassurés sur la détermination du gouvernement à ne pas céder aux revendications exorbitantes du Royaume-Uni. Les combats menés ensemble, par le passé, contribuent à créer entre nous un climat de confiance.

Jeudi 3 février

Ce matin, à l'entrée de la galerie du Carrousel du Louvre, un homme a tenté d'attaquer à la machette des militaires au cri de « Allah Akbar », avant d'être grièvement blessé par un tir en réplique. La réactivité des soldats a permis la neutralisation de l'assaillant. Dans un contexte où l'utilité de l'opération Sentinelle est régulièrement interrogée, cet événement apporte une réponse puissante, de nature à faciliter le retour des plus sceptiques à la réalité. Il intervient, en revanche, le jour où la candidature de Paris pour l'accueil des Jeux olympiques doit être présentée, dans l'après-midi, au musée de l'Homme.

Pour parvenir à l'emporter, la France s'est fortement mobilisée. En compétition avec Los Angeles et Budapest, Paris a comme atouts la qualité des infrastructures proposées et le niveau des investissements programmés. Notre pays porte aussi un message d'ouverture et d'espérance, dans un moment particulier où les États-Unis donnent le sentiment d'abandonner toute ambition internationale et universelle, sans parler de la Hongrie.

Nous avons toutefois à convaincre de la solidité des dispositifs destinés à assurer la sécurité de nos hôtes, dans un contexte de menaces terroristes particulièrement élevées ; le bon déroulement de la Conférence pour le climat ou de l'Euro 2016 sont autant de réussites qui plaident en notre faveur.

Au moment où le slogan de la candidature française « Made for Sharing » est projeté sur la tour Eiffel et où s'ouvre officiellement la campagne internationale dans laquelle nous devrons nous engager corps et âme avec Anne Hidalgo, jusqu'au choix de la ville-hôte, un sentiment de fierté s'empare de l'assemblée réunie au Trocadéro. Les dernières semaines auront été décisives pour la crédibilité de la candidature française et chacun, ce soir, est dans le sentiment d'avoir fait œuvre utile en n'ayant pas ménagé ses efforts.

Samedi 4 février

En cette fin de semaine, les principaux candidats à l'élection présidentielle sont en meeting. Et tous ont choisi Lyon pour délivrer leur message. Emmanuel Macron s'exprime en soirée au Palais des Sports de Gerland. Demain, c'est à Eurexpo que Jean-Luc Mélenchon rassemblera les siens, tandis que Marine Le Pen présentera son projet au Palais des congrès.

La sécurité des grands rassemblements politiques est devenue notre obsession. Chaque réunion fait l'objet d'une préparation minutieuse et du déploiement discret des moyens nécessaires à une intervention rapide, dans l'hypothèse où une attaque terroriste viendrait à se produire. Parmi les forces de sécurité, chacun ressent une réelle fatigue, qui résulte de l'enchaînement des défis.

À Gerland le public est là, qui mêle dans un même enthousiasme savamment entretenu une jeunesse ardente, désireuse de voir son pays réussir, des curieux venus participer à un exercice de pyrotechnie politique et quelques personnalités, depuis longtemps connues des Français pour avoir déjà occupé d'éminentes responsabilités et rempli de multiples mandats. Dans la foule, je distingue également quelques parlementaires et élus qui aspiraient déjà à jouer un rôle dans le quinquennat qui s'achève et espèrent sans doute atteindre leur but dans celui qui s'annonce. Bref il y a, rassemblés à Gerland, dans le plus grand désintéressement, tous ceux qui, guidés par la seule préoccupation de la France, viendront lui donner, dans le dépassement des clivages de la vieille politique, le gouvernement des meilleurs.

Ce qui me frappe dans la mise en scène, c'est le haut niveau de professionnalisme des équipes du candidat, qui ne laissent rien au hasard pour que l'exercice de communication politique parvienne à produire tous ses effets. Une tribune, qui rappelle par sa forme celle utilisée par François Mitterrand pour sa campagne de 1988, est positionnée de manière à offrir aux caméras le meilleur profil d'Emmanuel Macron. L'atteinte de cet objectif est grandement facilitée par le fait qu'on ne lui en connaisse pas de mauvais. Des ovations sont déclenchées au moment opportun, pour témoigner de la ferveur de la foule rassemblée dans la salle. Un accompagnement numérique de chaque instant permet d'amplifier la perception de l'enthousiasme, par la mobilisation des réseaux sociaux. Des jeux de lumière ajoutent à l'ambiance au moment où le chef surgit, dont la geste est à la fois moderne et solennelle, comme si l'époque devait réussir l'impossible synthèse entre la nécessaire aisance du leader de son temps et la solennité empruntée du monarque d'hier.

En regardant ces images, je ne peux m'empêcher de penser aux relations qui m'ont uni à Emmanuel

Macron, pendant les années où nous avons travaillé ensemble, aux côtés de François Hollande. Lorsque j'étais ministre des Affaires européennes, j'avais instauré, chaque mardi matin, un petit-déjeuner qui se tenait à l'Élysée en présence du conseiller du président de la République chargé des Affaires européennes, Philippe Léglise-Costa. Cette rencontre hebdomadaire me permettait de balayer avec lui l'ensemble des sujets qui relevaient de ma compétence ministérielle. Emmanuel Macron, qui aspirait à faire main basse sur ces matières, avait fini par se joindre à nous, en présence d'un de ses amis, Pierre Heilbronn, qui avait effectué l'intérim du secrétariat général aux Affaires européennes en avril 2012, après avoir conseillé François Fillon au sein de son cabinet. Très vite, une relation sympathique s'était nouée entre Emmanuel Macron et moi, que mon passage au ministère du Budget avait considérablement renforcée. La complicité spontanée qui était la nôtre, les liens amicaux qui l'unissaient à ma directrice de cabinet, comme lui issue de la promotion Senghor de l'ENA, un sens de l'humour et de l'autodérision qui avait engendré de redoutables fous rires entre nous, dans des circonstances parfois solennelles, avaient contribué à faire naître une relation authentiquement fraternelle. Lorsqu'il avait quitté l'Élysée, en juillet 2014, pour une autre vie dans le secteur privé, j'en avais éprouvé de la tristesse, comme j'avais été heureux de le voir nommé au ministère de l'Économie, quelques semaines plus tard, dans le gouvernement de Manuel Valls.

Le soir de sa nomination au gouvernement, il m'avait téléphoné vers 23 h 30 pour m'indiquer qu'il rentrait du Touquet et que des journalistes, stationnés devant son domicile, l'empêchaient d'accéder à son appartement. Il ne voulait pas se présenter à eux en tenue de vacances, de crainte que sa première apparition publique ne contribue à donner de sa personne et de sa fonction une image peu conforme. Je lui avais donc proposé de me rejoindre Place Beauvau et d'y passer la nuit, dans le petit appartement réservé aux hôtes de passage. Il pourrait ainsi, d'ici le lendemain matin, envoyer un émissaire à son domicile afin d'y récupérer quelques vêtements. Pour le conseil des ministres, nous pourrions nous y rendre à pied, après le petit-déjeuner. Fort tard dans la soirée, dans la bibliothèque où j'avais coutume de travailler la nuit, il m'avait interrogé spontanément sur les quelques principes qui pouvaient se révéler utiles, dans la responsabilité nouvelle qui venait de lui échoir. Je lui avais alors répondu sincèrement : « L'État est tout et nous ne sommes rien, méfie-toi du reflet de ton image et n'oublie jamais qui t'a nommé. » Puis la conversation s'était égarée sur d'autres sujets, où le rire nous avait fait oublier les principes et les préceptes.

Le lendemain matin, en arrivant au conseil des ministres, j'avais remarqué le comportement qui était le sien face aux photographes. Tel l'héliotrope confronté au soleil, il se tournait naturellement vers eux, avec l'irrépressible fascination de celui qui visualise l'image au moment même où le photographe la prend, avec la conviction qu'elle sera à son avantage. Plus tard, j'avais décelé le but ultime de son ambition et je m'en étais ouvert à lui, pour lui dire la tristesse que ne manquerait pas de m'inspirer la transgression, si elle devait aller jusqu'à concevoir la trahison. Mais il fuyait ces échanges. Et sans que notre relation se tende jamais, j'avais pris le parti de me tenir à distance, sans hostilité. Lorsque les choses avaient été difficiles pour moi, au ministère de l'Intérieur, je l'avais vu prendre des positions qui pouvaient plaire spontanément à l'opinion, mais qui compliquaient singulièrement ma tâche. Sur la question migratoire à Calais, qui ne relevait pas de ses compétences, il avait ouvert les portes à la renégociation des accords du Touquet, à laquelle je m'opposais par refus de faire des promesses dont les conséquences auraient été difficilement gérables. Je l'avais vu aussi se rendre à Nice, dix jours après l'attentat du 14-Juillet, à l'invitation de Christian Estrosi, alors même que ce dernier s'était lancé dans une campagne mettant injustement en cause le ministère de l'Intérieur, ses agents et ses services, accusés de ne pas avoir su éviter la tragédie de la promenade des Anglais.

Ce soir, je regarde l'entreprise de séduction se poursuivre, à Lyon, en connaissant l'envers du décor et la part de crédulité qui s'attache à certains commentaires. Comment ne pas voir aussi une intelligence, une intuition, une volonté d'y parvenir qui montrent ce que la politique, permanente dans ses modalités, peut produire de meilleur, lorsque les premiers rôles ont du talent ?

Dimanche 5 février

La convention d'investiture de Benoît Hamon se tient à Paris.

Peu de membres du gouvernement y sont présents, malgré mes exhortations à ne pas laisser se développer l'idée d'une hostilité des ministres au candidat, sous prétexte qu'il n'aurait pas toujours été en soutien de l'exécutif pendant le quinquennat. Après avoir demandé à Benoît Hamon de recentrer son discours et de rassembler les siens, j'attends de ce moment qu'il permette de réunir toute la famille, comme François Hollande avait réussi à le faire en 2011. Sur la question du bilan, Benoît Hamon a cette formule qui le dispense d'en dire davantage : « Regardons ce que la droite veut défaire et nous verrons ce que nous avons bien fait. » Et d'ajouter, comme pour fermer définitivement la porte après l'avoir entrouverte : « Le bilan a laissé des personnes mécontentes qui le rejettent et le critiquent. Je veux transformer cette colère en une aspiration et me tourner résolument vers l'avenir. Le bilan ne peut pas être l'axe autour duquel nous ferons campagne. » Quant au futur désirable, il porte en lui une part de rêve, orthogonale à toute réalité, qui donne aux électeurs le sentiment d'un risque de régression des socialistes dans le gauchisme. En insistant sur l'accord à passer avec les Verts et La France insoumise, Benoît Hamon, qui fait un bond dans les sondages depuis sa désignation, risque de redonner l'avantage à Jean-Luc Mélenchon, alors qu'il aurait tout intérêt à capitaliser sur l'élan fragile donné par sa victoire.

De son côté, Jean-Luc Mélenchon poursuit l'objectif de faire disparaître tous ceux qui ont occupé des responsabilités politiques au cours des dernières décennies, à l'exception de lui-même. Le « dégagisme » dont il a fait sa doctrine est devenu son existentialisme. Comme il parle à Lyon et qu'il ne peut être simultanément à Aubervilliers, où sa parole est indispensable, il a convoqué son hologramme pour se démultiplier. Dans cette campagne où la République est trop absente l'égotisme est partout. Ceci explique peut-être cela.

Lundi 6 février

Tôt ce matin, le ministre de l'Intérieur, Bruno Le Roux, est à Matignon. Je l'interroge sur les violences dont Théo L., un jeune habitant d'Aulnay-sous-Bois, a été victime. Les informations relatives à ce drame, qui nous parviennent depuis le jeudi 2 février au soir, sont imprécises. Et les manquements aux règles déontologiques dont certains parmi les forces de l'ordre se seraient rendus coupables sont d'une extrême gravité. Pour avoir dirigé les policiers et les gendarmes pendant près de trois ans et m'être souvent trouvé dans l'obligation de devoir répondre de leurs actes, je sais qu'ils attendent de leur hiérarchie la plus grande fermeté, face à ceux dont les agissements sont de nature à porter atteinte à leur réputation.

Souvent le reproche m'a été adressé, lorsque j'étais Place Beauvau, de ne pas prendre immédiatement le parti de la presse ou des associations de défense des droits de l'homme lorsqu'elles dénonçaient les violences policières. Si je condamnais systématiquement les fautes qui avaient été commises et n'hésitais jamais à prendre des sanctions, je répugnais à m'exprimer aussi longtemps qu'elles n'étaient pas définitivement établies. Parfois à mes dépens, j'avais eu à constater que le temps médiatique n'était pas celui de l'établissement définitif de la vérité et que les faits comptaient peu lorsque le coupable – le policier violent par construction – était idéal.

Dans le cas présent, le ministre de l'Intérieur envisage de relever de leurs fonctions, à titre conservatoire, les fonctionnaires mis en cause et de communiquer dans la journée, par souci d'apaisement. Je ne l'en dissuade pas.

C'est dans la pensée de ce jeune garçon d'Aulnay, souffrant sur son lit d'hôpital, que je quitte Paris pour Bruxelles, où je dois déjeuner avec le président de la Commission européenne, Jean-Claude Juncker. Dans le Thalys se croisent, comme souvent, des personnalités françaises, parlementaires ou journalistes, hommes d'affaires parfois, qui ont leurs habitudes, se congratulent et spéculent entre elles, avec des airs entendus.

À la gare de Bruxelles-Midi, Pierre Sellal, le représentant permanent de la France près de l'Union européenne, m'attend. Il me rend compte immédiatement des débats en cours au sein du conseil Affaires étrangères auquel il vient de participer. La question qui préoccupe Jean-Marc Ayrault est celle de l'exemption de visa pour les ressortissants de l'Ukraine et de la Géorgie. Au terme d'une longue période probatoire, où les contrôles et les missions d'experts ont été multipliés, les diplomaties européennes souhaitent clôturer le dossier. J'estime, pour ma part, qu'il n'y a aucune urgence à accéder à la demande de ces deux pays, sauf à prendre le risque, en pleine période électorale, d'ouvrir un débat difficile sur l'incapacité de l'Europe à maîtriser son ouverture aux autres, au détriment de la protection de ses frontières et de ses citoyens. Je sais cependant que François Hollande et Angela Merkel ont donné leur accord pour qu'aucune décision malencontreuse sur les visas ne vienne obérer la confiance qui a présidé aux discussions sur la résolution de la crise ukrainienne « en format Normandie ». Je rassure donc Pierre Sellal, mon passage au Quai d'Orsay comme ministre des Affaires européennes m'ayant enseigné qu'un excès de contrariété chez un diplomate, même pendant quelques minutes, peut contribuer à assombrir sa journée tout entière.

Dans le grand immeuble de la Commission européenne, je retrouve Jean-Claude Juncker tel qu'en lui-même. J'ai pour lui estime et sympathie. J'aime sa connaissance profonde des cultures et des réalités politiques propres à chaque pays de l'Union, sa parfaite maîtrise des mécanismes européens les plus sophistiqués, sa spontanéité parfois déconcertante. Il demande à me voir en tête-à-tête, dans son bureau. Assis l'un à côté de l'autre, dans une vaste pièce dont l'un des murs est tapissé d'une immense photographie immortalisant la signature du traité de Rome, nous devisons. Mon hôte fume des cigarettes de la marque Ducal. Au collège, un de mes professeurs, qui les fumait aussi, prétendait que, pour préserver sa santé, il aurait été mieux inspiré de fumer ses pneus de vélo ! Cette mauvaise habitude explique peut-être la voix éraillée de mon hôte. Tout de suite, il me parle des désordres du monde, de l'avènement de Trump aux États-Unis, de ses conséquences sur l'avenir de l'Union, mais très vite aussi il s'attarde sur la France, sur le désordre politique qui s'y est instauré et sur l'inquiétude que cela suscite au sein de la Commission européenne. En France, nous peinons à comprendre que, avec le Brexit et l'élection de Trump aux États-Unis, ce qui paraissait inimaginable a fini par se produire et que, pour les dirigeants européens, l'élection de Marine Le Pen s'envisage comme une nouvelle étape de l'irrésistible poussée des populismes.

Pour Jean-Claude Juncker, qui semble observer la France à partir de Sirius, à l'instar de Micromégas dans le conte éponyme de Voltaire, tout ce qui affecte notre pays relève des pathologies de l'absurde : un candidat de droite, François Fillon, ayant fait de l'intégrité sa marque, voit sa campagne se transformer en chemin de croix depuis les révélations du *Canard enchaîné* sur les emplois fictifs dont aurait bénéficié sa famille ; le candidat socialiste, Benoît Hamon, dit vouloir se démarquer du quinquennat de François Hollande et condamne les politiques menées par l'Union européenne, sans trop de nuances ; un candidat issu de l'entourage de François Hollande, Emmanuel Macron, ne révèle encore rien de son projet et demeure ambigu sur son positionnement politique, alors que son ascension fulgurante est interprétée comme une manifestation supplémentaire du processus de déréliction des principales forces politiques françaises…

Chaque constat formulé sans malveillance par le président de la Commission européenne est comme une blessure qu'il inflige à l'idée que je me fais de la France, du rang qu'elle doit tenir en Europe et dans le monde. Et, comme pour bien préciser sa pensée, Jean-Claude Juncker me dit ses regrets que le président Hollande n'ait pas été en situation de défendre le bilan de son quinquennat et sa vision de l'Europe, au terme d'un processus d'empêchement de sa candidature qui semble venir de loin. Je lui réponds que les ambitions irrépressibles des uns et l'absence de conscience de la gravité du moment historique où notre pays se trouve des autres ont sans doute contribué à créer cette situation politique inédite, mais que nous devons aussi reconnaître la responsabilité qui nous incombe de ne pas avoir réussi à faire le récit de notre action, de ne pas être parvenus à en faire partager la cohérence et le sens, d'avoir échoué à convaincre.

À table, nos collaborateurs nous ont rejoints. Ensemble nous abordons les principaux sujets qui constituent l'agenda des prochains conseils européens. Sur la question du Brexit, nous convenons ensemble que la méthode définie par la Commission et son « sherpa », Michel Barnier, doit faire l'objet d'une application stricte. Il n'est pas question en effet d'aborder le sujet des liens à venir entre le Royaume-Uni et l'Union européenne au terme du Brexit aussi longtemps que les conditions de la séparation ne seront pas définitivement actées. Alors que je fais remarquer à mes interlocuteurs que nous ne pouvons envisager d'instiller dans les articles du Code civil qui régissent le divorce les dispositions du même code qui concernent le mariage, sauf à perdre sur tous les tableaux, Jean-Claude Juncker, amusé par la formule, se lance dans un grand dégagement sur ses études de droit civil à Strasbourg, évoquant le nom de ses professeurs et convoquant les souvenirs de Pierre Sellal, qui avait fréquenté cette même université. En même temps qu'il nous fait le récit de cette période visiblement heureuse, il déguste sa troisième coupe de champagne avec délectation, tout en me faisant remarquer qu'il s'agit d'un champagne sans alcool, dont il a obtenu la commande par les services de la Commission, pour ne pas se laisser griser par ce qu'il aime le plus.

Au moment où la campagne présidentielle française conduit certains candidats à rivaliser de propos suspicieux ou hostiles à l'égard du projet européen, par posture ou par calcul politique, il est bon de se trouver, le temps d'une rencontre, en marge de ce vacarme.

Jean-Claude Juncker conclut notre conversation en m'indiquant qu'il doit me quitter pour rejoindre le président d'Azerbaïdjan et que la partie agréable de sa journée, par conséquent, touche à sa fin…

Ainsi est le président de la Commission européenne, Jean-Claude Juncker, spontané, et spontanément sympathique.

Mardi 7 février

Déjeuner à l'Élysée avec le président de la République.

Il passe en revue les grandes réunions politiques du dernier week-end et me fait part de son appréciation : le meeting d'Emmanuel Macron à Lyon est réussi si l'on en juge par l'affluence, mais décevant si l'on cherche les propositions. La convention d'investiture de Benoît Hamon, qu'il compare à sa propre convention d'investiture en 2011, a été brouillonne et n'a pas jeté les fondements du rassemblement attendu. L'hologramme de Jean-Luc Mélenchon a transformé sa campagne en spectacle vivant et si les socialistes s'emploient à donner du crédit à ses thèses, il finira par leur passer devant. Marine Le Pen a déroulé avec une redoutable efficacité son programme, qui dissimule derrière des mensonges bien des impasses et des régressions dont les Français seraient les premières victimes.

De tout cela le président est préoccupé. S'il n'exprime jamais aucun regret de ne pas être lui-même candidat, il s'inquiète ouvertement de la dynamique dont il crédite le Front national et qu'il pense sous-estimée par les instituts de sondages. Il me demande d'être attentif à sa campagne et d'y répondre systématiquement lorsque les mises en cause vont trop loin.

Lors de sa conférence de presse d'hier, François Fillon a tenté une opération transparence sur son patrimoine et s'est une nouvelle fois employé à désamorcer les accusations dont il est l'objet, depuis plusieurs semaines. Sa défense laisse toujours à penser qu'un complot serait à l'origine de ses malheurs et la notion de « coup d'État institutionnel », convoquée par ses soins, est désormais popularisée par son entourage dans les médias. Pour François Hollande comme pour moi, qui mesurons ensemble l'incongruité de ces accusations, cette campagne est une dérive, qui n'abîme pas seulement la droite, mais atteint aussi profondément le lien qui unit les Français à leurs représentants élus.

Mercredi 8 février

Le conseil des ministres acte la création du secrétariat général à l'Aide aux victimes. Il s'agit pour le gouvernement d'honorer l'engagement pris, au lendemain des attentats, d'une meilleure prise en charge des familles des disparus et des blessés, dans le cadre d'un partenariat étroit avec les associations constituées. En installant cette organisation avant la fin du quinquennat, nous cherchons à rendre irréversible un engagement induit par les tragédies auxquelles le pays a été confronté.

Jeudi 9 février

En déplacement à Grenoble avec Ségolène Royal, nous visitons les locaux du Commissariat à l'Énergie atomique, des centres de recherche qui développent des technologies à haut rendement dans le secteur du photovoltaïque, mais aussi dans le domaine des batteries de nouvelle génération.

Le pacte métropolitain d'innovation, à la signature duquel nous procédons, permettra également de nombreux projets dans le domaine des énergies renouvelables et des transports électriques

Dans le discours qu'elle prononce devant les élus, Ségolène Royal dresse le bilan de son action à la tête de son ministère. Tout ce qui a fonctionné témoigne de sa détermination et tout ce qui se fait attendre résulte des pesanteurs de l'administration. Et dans le propos qu'elle délivre, ce qui est subliminal n'est pas ce qui domine, car rien n'est plus clair à ses yeux que ce qui est explicite.

Ainsi est Ségolène depuis toujours, solitaire dans le succès. Souvent, elle se plaint de mon cabinet, dont elle a pris en grippe certains des membres, recrutés par mon prédécesseur. Quelques jours après mon arrivée à Matignon, alors que j'essayais d'aborder avec elle des arbitrages délicats que je devais rendre, elle m'avait expliqué qu'elle ne pouvait avoir tort, puisqu'elle avait failli être présidente de la République et qu'elle aurait pu légitimement se trouver à ma place. Plutôt que de prendre ombrage de ses remarques, j'avais pris le parti de m'en amuser, jusqu'à les susciter parfois, en cherchant toujours à tirer le meilleur parti de l'intuition politique qui souvent la guidait et qui expliquait un talent certain. À son instinct j'opposais donc ma placidité et finalement, nous parvenions à nous entendre, sans que jamais nos désaccords se transforment en fâcherie définitive.

Fine mouche, elle mêle ce jour-là, dans une opération très habile d'autopromotion, les compliments qu'elle s'adresse à elle-même, à ceux qui me sont destinés et c'est avec un regard bienveillant que je l'observe dans cet exercice, où elle donne le meilleur d'elle-même.

Au même moment, Emmanuel Macron est l'invité de l'organisation non gouvernementale WWF dirigée par l'ancien ministre Pascal Canfin. Au sujet de l'épineux dossier de Notre-Dame-des-Landes, il évoque d'ultimes consultations, destinées à dégager une autre solution. Il parle de la nomination d'un médiateur indépendant, qui aura six mois pour étudier l'alternative d'un réaménagement de l'aéroport Loire-Atlantique. Quelques jours auparavant, il s'était clairement prononcé pour le maintien du projet : « Le peuple s'est exprimé, je suis pour le respect de sa décision », a-t-il déclaré sur France Inter. Le génie de la nouvelle politique est d'emprunter à l'ancienne ses meilleures recettes sans que cela apparaisse jamais au grand jour.

Vendredi 10 février

Un coup de filet vient d'avoir lieu à Montpellier, qui a permis de procéder à l'arrestation de quatre personnes, dont une mineure de seize ans, qui s'apprêtaient à commettre un attentat. Les services de police et de renseignement ont une nouvelle fois agi avec célérité. Les suspects, tous très jeunes, ont été interpellés alors qu'ils achetaient de l'acétone pour confectionner un engin explosif. Un nouveau drame a ainsi été évité, comme tant d'autres depuis des mois, grâce à la mobilisation du ministère de l'Intérieur et des magistrats antiterroristes.

Dans la Creuse, je visite le site industriel du sous-traitant industriel GM&S, menacé de fermeture. Depuis plusieurs semaines, le gouvernement s'emploie à obtenir des donneurs d'ordre qu'ils accroissent le niveau de leurs commandes à l'entreprise, afin d'encourager un repreneur à se positionner. Notre objectif est de faciliter la reprise de l'activité et des emplois qui en dépendent. Dans ce combat très rude, l'esprit de responsabilité des représentants du personnel est précieux. Il permet de ne jamais rompre le dialogue. Les échanges avec les dirigeants de l'industrie automobile sont en revanche plus rugueux et il a fallu user de bien des arguments pour convaincre Carlos Tavares, le patron de PSA, de faire un geste supplémentaire pour faciliter l'arrivée d'un repreneur.

Pendant la visite, les salariés, qui travaillent dans les ateliers depuis des années, me disent leur fierté des missions qui leur sont confiées et leur volonté de les voir se poursuivre. Ils sont conscients que la fermeture de l'entreprise les plongerait dans l'angoisse du chômage et qu'il leur serait difficile d'accéder de nouveau à un emploi dans un bassin de vie déjà durement touché. L'un de mes anciens professeurs de collège, qui vit à Guéret et qui a la passion des objets manufacturés, m'accompagne et leur pose spontanément des questions. Alors que sa présence aurait pu apparaître incongrue aux ouvriers qui me guident dans l'usine, elle suscite au contraire leur sympathie, comme si elle portait témoignage de l'intérêt sincère que je porte à leur sort.

Mais les visages sont fermés, comme si l'espoir d'une solution avait depuis longtemps abandonné ces travailleurs qui ont en partage la passion de leur métier. Je ne suis pas dans le jeu des surenchères électorales et des promesses que l'on fait en sachant qu'on aura à les tenir longtemps après que les élections seront passées. Je veux leur dire la vérité, en m'en tenant scrupuleusement au récit de ce que nous faisons. Lorsque les usines menacent de fermer leurs portes, le devoir est d'agir sans mentir jamais, sauf à prendre le risque d'entretenir le sentiment de l'impuissance.

Samedi 11 février

Des échauffourées se produisent à Bobigny, en marge d'une manifestation de soutien au jeune Théo L., victime de violences dans le cadre de l'intervention policière du 2 février dernier.

En écoutant les déclarations de certains responsables politiques ou associatifs, on comprend qu'ils ne craignent pas d'accroître les tensions, en évoquant la révolte légitime des jeunes des quartiers. Les arguments convoqués par l'extrême gauche et par certains médias sont constants : il y aurait une consubstantialité de la violence à la police. Des ordres, venant du sommet de la hiérarchie du ministère de l'Intérieur, expliqueraient les manquements graves des forces de l'ordre aux principes républicains. Cette violence organisée serait le résultat d'une politique délibérément répressive de l'État à l'égard de la jeunesse des banlieues, reléguée et abandonnée à son sort. Les manifestations violentes s'inscriraient donc dans la longue tradition des luttes contre les discriminations et l'État oppresseur.

Pour avoir été pendant trois ans ministre de l'Intérieur, je sais que le basculement dans la violence des quartiers est à tout moment possible. C'est avec cette réalité constamment présente à l'esprit que le choix a été fait de recréer une direction de la formation au sein de la Direction générale de la police nationale, et que le niveau des effectifs des forces de l'ordre, dans certaines villes, a été significativement rehaussé. L'objectif était de recréer progressivement ce lien avec la population, fait de respect et d'estime mutuels, qui avait contribué au succès de la police de proximité et que la Révision générale des politiques publiques, comme les choix stratégiques de Nicolas Sarkozy, avaient abîmé. C'est aussi pour lutter contre les contrôles discriminatoires que l'expérimentation des caméras piétons a été décidée, avec pour ambition de les généraliser et de garantir la traçabilité des interventions de la police nationale.

Dans cet acharnement à opposer dans le discours la police à la jeunesse, à diffuser l'idée d'une hostilité de fait des institutions, et de ceux qui les représentent, aux « territoires perdus de la République », ce ne sont pas les insoumis qu'on encourage, ni une saine révolte qu'on suscite, mais la fracturation de la Nation dans la violence et dans la haine. Face à ce danger, il ne faut croire qu'à la puissance des faits. La police doit être sanctionnée si elle déroge au principe d'exemplarité. Mais rien ne peut être toléré des violences dont elle peut faire l'objet lorsque des bandes s'en prennent à elle avec la haine du flic.

Lundi 13 février

À Berlin, ma rencontre avec Angela Merkel intervient à un moment particulièrement difficile pour l'Union européenne.

Avant l'entretien officiel, elle a souhaité un aparté sur la situation politique en France, sur le profil des candidats à l'élection présidentielle et sur la nature des rapports de forces qui se sont établis entre eux. Je lui ai répondu sans détour. Ses remarques ont suffi alors à me faire percevoir qu'elle en savait autant que moi sur la psychologie des principaux protagonistes. Elle m'a aussi parlé de « François », comme si elle évoquait un ami connu de longue date. Au début du quinquennat, les relations entre eux avaient été difficiles. Sous la pression de Nicolas Sarkozy, la chancelière avait en effet refusé de recevoir François Hollande pendant la campagne de 2012. Dès leur premier entretien, alors qu'ils constataient ensemble le nombre de rencontres programmées à leur agenda, le président lui avait fait remarquer qu'ils devaient sans doute rattraper le temps perdu. Elle avait ri et depuis, lorsque je les voyais ensemble, je constatais que la chancelière cherchait ses bons mots, en le prenant volontiers par le bras pour lui parler à l'oreille, sans doute pour rire davantage encore, ou plus simplement par complicité. Et force est de constater qu'elle atteignait souvent son but, comme lui d'ailleurs, dont l'esprit délié se plaisait à séduire pour obtenir gain de cause. Lorsque François Hollande me parlait d'elle, c'était avec respect. Il louait son professionnalisme, son sens du compromis, même s'il regrettait souvent le temps infini qu'il fallait prendre pour dénouer les situations les plus inextricables. Pendant les attentats de janvier 2015, elle avait été, selon l'expression du président, « impeccable ». Ils appliquaient volontiers ensemble l'adage de Valéry Giscard d'Estaing et de Helmut Schmidt qui voulait qu'on évoque seulement en public les sujets d'accord, ce qui donnait le sentiment qu'on était en phase sur tout. Au conseil des ministres franco-allemand de Metz, je m'étais aventuré à parler à la chancelière en allemand, ce qui avait suscité l'amusement du président qui s'était empressé de lui dire que je faisais cela avec tout le monde, en m'emparant de langues dont je ne maîtrisais que les accents toniques. Depuis, à l'occasion de nos rares rencontres, elle commençait par s'adresser à moi dans sa langue, pour vérifier l'étendue de mon vocabulaire.

Aujourd'hui, sur la question de la Grèce, la discussion est serrée. La France est mobilisée pour que les discussions en cours aboutissent et que les Grecs ne soient pas étranglés au moment même où leurs efforts commencent à porter leurs fruits. La chancelière ne s'engage sur rien mais ne ferme aucune porte. Elle a en tête le calendrier de toutes les échéances à venir et maîtrise techniquement tous les enjeux. Avec elle, la politique ne supporte aucune approximation. Comme quelques grands leaders européens qui ont marqué leur temps de leur empreinte, elle veut que la parole engage. Au sortir de notre entretien, je suis confiant sur le dossier grec. Et je salue une grande dame, dont l'engagement européen a toujours été sans faille.

Mardi 14 février

Les jours se succèdent et la campagne se focalise toujours autour des violences survenues en marge de la manifestation de Bobigny. Le candidat François Fillon, dont la campagne s'enlise, cherche à reprendre la main en mettant en cause le gouvernement, de façon presque systématique, sur tous les sujets qu'il estime, à tort ou à raison, mobilisateurs pour son électorat. L'autorité de l'État est son thème de prédilection. Lorsque des incidents surviennent, ce ne sont pas les casseurs que l'on met en cause, mais le gouvernement, qui a pourtant donné des consignes claires pour qu'il soit procédé aux interpellations nécessaires.

Ce qui me préoccupe le plus, dans ces postures de la droite, c'est qu'elles laissent à penser qu'un laxisme officiel est à l'œuvre, qui se trouverait à l'origine du désordre qui monte et de la « chienlit » qui s'installe. C'est que les plus outranciers des héritiers du général de Gaulle ont depuis longtemps oublié son héritage et l'exigence éthique de la parole qu'il portait. Lorsque le respect des principes de l'État de droit commence à être considéré comme le principal obstacle à l'ordre, alors qu'il en constitue la meilleure garantie, c'est en effet la chienlit qu'on instaure, dans le vacarme populiste.

De leur côté et sur un tout autre registre, par le truchement de Yannick Jadot, les écologistes entonnent le lamento gauchiste qui relève d'une autre forme de démagogie, tout aussi pernicieuse : « Il y a un risque d'embrasement parce que cela fait des années et des années qu'on ne traite pas la question des quartiers populaires. » On devrait presque appeler la révolte de nos vœux, si elle pouvait conduire à faire bouger enfin un État insensible à la misère des banlieues. Les gouvernements successifs de François Hollande ont massivement augmenté les crédits de l'Agence nationale de la rénovation urbaine pour transformer des quartiers entiers et y réimplanter des services publics ; des efforts inédits ont permis d'augmenter les effectifs enseignants dans les écoles les plus difficiles de Seine-Saint-Denis, situées au cœur des quartiers où la jeunesse manifeste ; l'accès à la formation des chômeurs y a été renforcé… Mais pourquoi le reconnaître, en s'en tenant aux faits, s'il est plus rentable politiquement de dire que tout a été échec, abandon et reniement.

Dans la période où nous nous trouvons, ce n'est plus à partir des faits que se construisent rationnellement les discours politiques, mais à partir des postures prévisibles, dans la plus grande paresse intellectuelle ou, pis encore, à partir des spéculations à courte vue sur le bénéfice escompté du réveil de tous les instincts.

Mercredi 15 février

La législature s'achève. C'est donc la dernière fois que je m'adresse aux députés, après avoir siégé quinze années auprès d'eux, dont près de cinq au banc du gouvernement. Dans les épreuves, j'ai pu bénéficier de leur soutien. Dans les combats qu'ils ont menés face à l'exécutif, je me suis employé à les respecter toujours, même si, dans la passion de l'échange, il m'est parfois arrivé d'user d'une ironie qui a pu les affecter.

La dernière question m'est posée par le président du groupe socialiste, Olivier Faure. Elle m'invite à dresser le bilan du quinquennat, sur le sujet très controversé de la réorientation de l'Europe. Au terme de ma réponse, j'improvise mes adieux à l'Assemblée nationale, en ces termes :

« Mesdames et messieurs les députés, c'est la dernière fois que je m'adresse à votre assemblée. N'étant pas candidat aux élections législatives, je n'aurai pas à revenir devant vous. Cela fait longtemps que je suis à vos côtés. Nous avons vécu ensemble de multiples débats. Nous nous sommes souvent opposés et parfois, nous avons ensemble fait œuvre législative. Je voudrais, dans ces circonstances particulières, remercier l'ensemble des députés siégeant sur tous les bancs pour la qualité du travail qui a été accompli. Je veux vous dire aussi la grande fierté qui a été la mienne d'avoir pu contribuer à cette tâche. Enfin, je veux que vous sachiez que, pendant ces quinze années de vie parlementaire, comme député, mais aussi comme ministre, je me suis toujours employé à faire au mieux, sans avoir jamais été sûr de bien faire. »

Au moment où les applaudissements arrivent, je suis envahi par la nostalgie d'une époque qui ne reviendra pas et qui fut sans doute la plus belle de ma vie. Je pressens en effet qu'une page se tourne, qu'un monde s'efface, pour laisser place à un autre. Je ne sais pas ce que ce monde sera, ni même s'il sera très différent de l'actuel. Mais je sais dès à présent qu'il ne sera plus le mien.

Jeudi 16 février

Dans *L'Obs*, Emmanuel Macron déclare : « Une des erreurs fondamentales de ce quinquennat a été d'ignorer une partie du pays qui a de bonnes raisons de vivre dans le ressentiment et les passions tristes. C'est ce qui s'est passé avec le mariage pour tous, on a humilié cette France-là. »

En lisant ces propos, je comprends donc que les humiliés ne sont pas ceux qui ont vécu dans la honte de leur orientation sexuelle ou qui ont longtemps subi des discriminations. Ce ne sont pas ces couples rasant les murs auxquels on a longtemps refusé la possibilité de s'unir en bénéficiant des mêmes droits que les couples hétérosexuels. Les humiliés ne sont pas non plus les politiques qui ont porté face à l'opinion de nouveaux droits, correspondant par ailleurs aux engagements d'une campagne présidentielle, celle de François Hollande dont Emmanuel Macron fut l'un des soutiens, et qui ont dû essuyer les insultes les plus véhémentes, à l'instar de Christiane Taubira, à qui on a jeté des bananes dans la rue après l'avoir qualifiée de guenon. Non je me suis trompé, les humiliés sont ceux auxquels aucun droit n'a été retiré, à l'encontre desquels aucune insulte n'a été proférée, mais qui n'ont pas voulu d'une réforme qui donnait à d'autres, différents d'eux, les mêmes droits que ceux dont ils bénéficiaient depuis toujours.

Sur un tout autre sujet, Emmanuel Macron a assimilé la colonisation française à un « crime contre l'humanité ». Il a prononcé ces mots en Algérie, où il est en visite dans le cadre de sa campagne électorale. Cette incrimination pénale est née en 1945, des travaux du tribunal militaire de Nuremberg, dans un contexte historique particulier, où le génocide des juifs d'Europe venait d'être commis par les nazis. Les concepts, même détournés de leur signification initiale, ont une résonance qui les ramène au contexte historique de leur origine. C'est la magie propre des mots que de révéler au grand jour les images multiples qu'ils enferment et la charge émotionnelle qu'ils recèlent. Et ce sont par conséquent les concepts et les mots qui peuvent faire inutilement souffrir ou susciter les humiliations qui sont toujours des blessures pour les peuples.

C'est la raison pour laquelle, en politique, on ne peut utiliser les mots qu'en raison de ce qu'ils signifient et non pour séduire telle ou telle fraction du pays qu'on aspire à ramener à soi.

Vendredi 17 février 2017

Au cours des trois dernières années passées Place Beauvau, une relation personnelle s'est nouée avec Theresa May. Nous ne nous sommes pas revus depuis sa nomination, en juillet 2016, au poste de chef du gouvernement britannique, et c'est avec plaisir que nous nous retrouvons aujourd'hui au Ten Downing Street.

Souvent, le président de la République me taquine au sujet de l'attachement que j'ai pour elle et dont je ne me cache pas. Je dois à la vérité de reconnaître que son élégance très britannique, l'anglais oxfordien qu'elle met au service d'une exquise politesse, le classicisme de son style qu'agrémentent des chaussures extravagantes ont contribué à me la rendre sympathique, sans jamais me faire perdre de vue le conservatisme de ses positions politiques, sur l'Europe et sur le reste. Lorsque je la rencontre, je la trouve toujours précise et professionnelle, et nous parvenons, sur les sujets les plus difficiles, à dégager les meilleurs accords, en allant l'un et l'autre dans le détail des choses. Sur la délicate question de Calais, François Hollande et David Cameron avaient pris l'habitude de s'en remettre à nous et il était rare que nos discussions échouent à dégager des solutions, en dépit de l'inextricable difficulté du dossier.

Aujourd'hui, nous parlons sans concessions du Brexit. La position de la France, maintes fois exprimée par François Hollande, nous conduit à refuser toute discussion sur les relations futures du Royaume-Uni avec l'Europe, aussi longtemps que les conditions de la « séparation » n'auront pas été actées. Theresa May pense qu'il faut discuter dès à présent de notre association future, faisant sans doute le pari d'une négociation sans fin, où le temps serait à son avantage. À ce moment précis, la discussion prend un tour technique. Mais l'essentiel est pourtant politique : l'Union européenne ne saurait être tenue pour responsable d'un choix qu'elle n'a pas fait elle-même et dont elle n'a pas, de toute évidence, à subir les effets pernicieux en lieu et place de ceux qui ont déclenché la machine infernale.

Comme Theresa May ne laisse rien au hasard, elle évoque également les conséquences du rapprochement en cours entre PSA et Opel, sur les sites industriels du constructeur automobile allemand, situés en Grande-Bretagne. J'ai déjà demandé à Carlos Tavares de se rapprocher des autorités des pays concernés par cette restructuration afin d'éviter des crispations ou des malentendus.

Dans l'escalier du Ten Downing Street, alors que nous nous apprêtons à nous quitter, nous évoquons l'ambiance élégante et feutrée du lieu. Dans le hall d'entrée, sur le rebord d'une fenêtre, un chat jaune se prélasse au soleil. Je lui demande si ce chat lui appartient. Elle me répond qu'il était déjà là au moment de son arrivée. Lorsque je l'interroge sur ce qu'elle compte en faire, elle m'indique en prendre grand soin, pour son successeur. Dans l'état d'obésité où cet animal se trouve, je n'exclus pas qu'il ait déjà été là sous Churchill.

Lundi 20 février

Voilà plusieurs semaines que Benoît Hamon cherche un contrat de gouvernement avec Europe-Écologie-Les Verts et La France insoumise. Toute cette énergie déployée pour aboutir à un accord dont personne ne veut n'a pas été mise à profit pour mener campagne et mobiliser notre électorat traditionnel. À défaut d'un discours qui leur serait destiné, les électeurs socialistes se rapprochent de plus en plus d'Emmanuel Macron, car ils pensent qu'il est le seul à pouvoir éviter cette confrontation entre François Fillon et Marine Le Pen, dont ils ne veulent à aucun prix. Hier, Jean-Luc Mélenchon a semblé fermer la porte au rapprochement tant espéré par le candidat socialiste. Quant à Yannick Jadot, il attend sans doute que son déjeuner d'aujourd'hui, avec Benoît Hamon, lui permette d'obtenir quelques circonscriptions supplémentaires pour ses amis.

François Fillon, qui avait indiqué qu'il renoncerait à aller au bout de sa candidature s'il était mis en examen, a fait savoir qu'il la maintiendrait quoi qu'il arrive. Son entourage – notamment le député de l'Oise Éric Woerth – explique que son champion escomptait une enquête courte qui l'aurait dédouané, alors qu'il doit faire face à des investigations longues et totalement à charge.

La presse, qui suit heure par heure la campagne présidentielle, évoque désormais un climat délétère qui plonge les Français dans un sentiment de colère.

Mardi 21 février

Un déplacement officiel en Chine m'éloigne du tumulte de la campagne présidentielle. Tôt ce matin, à mon arrivée dans l'hôtel du centre de Pékin où nous séjournons, j'ai découvert dans ma chambre un assortiment de gâteaux à la crème. Au milieu d'une grande assiette, un chevalet en chocolat a été placé, supportant mon portrait, réalisé en incrustations de sucre et de pâte d'amande. Lorsqu'on a une exacte conscience de sa condition, dont on a fait par ailleurs un sujet inépuisable d'autodérision, on ne peut que recevoir comme une très délicate attention sa propre réduction en une friandise.

À Beida, je suis reçu par le président du conseil d'administration et le secrétaire du Parti de la grande université de Pékin. Ici, le contrôle du Parti semble être un gage de la stabilité et du professionnalisme des organisations. Cette première rencontre est donc pour moi un grand moment de politique comparée.

Les discussions ont lieu dans une vaste salle, où les délégations se font face et où chacun a pris place dans une file interminable d'invités, selon un ordre protocolaire qui ne souffre aucune improvisation.

Ainsi, Marisol Touraine est non loin de moi, comme l'ancien Premier ministre Jean-Pierre Raffarin, qui représente dans ma délégation le groupe d'amitié France-Chine du Sénat. Pour être assuré que chacun pourra assister passivement à l'échange, des micros placés sur une petite table près de nous restituent nos voix aux deux délégations.

La conférence que je donne devant près de quatre cents étudiants respectueux et concentrés porte sur l'attractivité de la France. Ce qui me frappe, par-delà le caractère formel de l'exercice, c'est la parfaite maîtrise du français des étudiants qui m'interrogent et l'excellente connaissance qu'ils ont acquise de notre pays, à l'occasion de multiples séjours en France. Pour eux, le monde n'est pas une menace, mais une opportunité. Et, face à notre aspiration à toujours plus de protection, ils affichent l'esprit conquérant d'un peuple convaincu que le monde peut à terme lui appartenir. Ils rêvent visiblement d'échanges et de libre-échange, ils sont dans la culture de l'effort et semblent ne rien redouter de la compétition. Ils sont donc peu sensibles aux principes d'équité ou de réciprocité que nous souhaitons placer au cœur du commerce mondial. Aussi, le discours que je leur tiens sur la conception que nous nous faisons de notre relation avec la Chine, qui doit s'ouvrir plus vite si elle souhaite voir les autres s'ouvrir davantage à elle, ne semble pas correspondre aux principes qui leur sont enseignés.

En fin de journée, la rencontre avec le Premier ministre, Li Keqiang, se tient au Grand Palais du peuple. Le cérémonial est impressionnant, à la mesure de la dimension du pays et de la puissance du régime.

Ce qui préoccupe grandement mon homologue chinois, c'est la situation politique en France, et plus particulièrement l'issue possible de l'élection présidentielle. Il s'inquiète notamment des conséquences que ne manquerait pas d'avoir l'élection de Marine Le Pen sur le « partenariat stratégique global » qui unit désormais nos deux pays, dans une même volonté de lutter contre le terrorisme et les désordres du monde. L'autre sujet, sur lequel Li Keqiang se montre particulièrement insistant, concerne certains aspects juridiques des relations commerciales entre la Chine et l'Union européenne. Mon interlocuteur souhaite que son pays bénéficie du statut d'économie de marché. Or, une telle évolution n'est pas concevable sans un rééquilibrage rapide de nos échanges. Pour témoigner de sa bonne foi, mon homologue chinois donne alors instruction à ses services d'accéder à ma demande d'autoriser à nouveau l'exportation vers la Chine de certains produits agricoles français, notamment de la viande bovine.

Au moment où prend fin cette rencontre, en me retournant vers mes collaborateurs, je constate qu'un de mes conseillers est absent et que s'est substitué à lui Christian Blanckaert, un industriel de mes amis, dont l'espièglerie est légendaire et dont les activités en Chine ont contribué à la promotion de la mode et du luxe français. Lorsque je lui demande ce qu'il fait là, il m'indique que mon collaborateur est arrivé en retard et que les autorités chinoises l'ont laissé entrer en pensant qu'il ferait aussi bien l'affaire. Et de me confirmer qu'il reçoit avec bonheur l'honneur qui lui est fait.

Mercredi 22 février

Dans le froid saisissant de l'hiver chinois, je visite pour la seconde fois de ma vie la Cité interdite. Dans la nuit, la neige a recouvert les toits et les places d'une fine couche de poudreuse blanche, immaculée, qui contraste avec la grisaille poisseuse du ciel, engendrée par la pollution. Une jeune guide, érudite, accompagne cette visite et répond à toutes nos questions avec beaucoup de précision. Elle évoque la vie quotidienne des empereurs, de leur cour, des femmes placées à l'isolement et le service domestique rendu par les eunuques, sous la dynastie des Ming, pendant plus de trois siècles. Mais ce qui me fascine le plus, c'est le récit qu'elle nous livre de l'éducation des jeunes enfants, des enseignements qui leur étaient dispensés et du niveau d'exigence qui s'attachait au contrôle de leurs connaissances.

Plus tard, dans un parc où ont été aménagés des bassins et où des espèces botaniques rares ont été depuis longtemps plantées, je découvre, au hasard de notre déambulation, la place particulière des pivoines dans les représentations iconographiques du jardin chinois, réalisées sur les murs ou sur le sol. Dans le regard malicieux de Jean-Pierre Raffarin et de son collègue sénateur de l'Orne Jean-Claude Lenoir, je sens poindre l'étonnement d'un si grand intérêt pour les plantes, au moment où rien ne devrait pouvoir me distraire de la situation politique qui prévaut à Paris.

Les entretiens bilatéraux se poursuivent dans l'après-midi avec le Président Xi Jinping. Plus que la veille encore, nos échanges portent sur l'impact du Brexit et de l'élection de Donald Trump sur la poursuite du projet européen. Dans son propos liminaire, mon interlocuteur insiste sur la nécessité de résister ensemble à la pression des populismes et des nationalismes. Dans le vaste panorama qu'il dresse des désordres du monde, le Vieux Continent doit apparaître comme un pôle de stabilité. Le président chinois évoque également les récents essais nucléaires nord-coréens et reconnaît que la relation avec Pyongyang « est plus difficile qu'avant », ce qui a conduit Pékin à suspendre les importations de charbon nord-coréen, en représailles aux provocations récentes de son turbulent voisin.

Pendant cette longue conversation, le président chinois demeure impassible. Pas une expression sur son visage ne vient révéler le moindre sentiment, ni manifester un début d'approbation ou d'agacement. La discussion est fluide, les points d'accord sont nombreux, mais dans cette délégation qui me fait face et où chacun est concentré sur son métier, le professionnalisme s'éprouve dans la maîtrise que l'on a de soi. Chez mes interlocuteurs chinois, cette maîtrise est glaçante, au point que pour les Français, qui me perçoivent comme austère, ce déplacement en Chine aurait presque pu me faire apparaître avenant.

Jeudi 23 février

Hier, aux alentours de 21 heures, nous arrivons dans la province de Wuhan où s'achève notre voyage en Chine.

Entre l'aéroport et l'hôtel, des tours en béton, innombrables et posées les unes à côté des autres, sans pensée urbaine, prétendent former une ville. Des lumières blafardes, projetées par des néons dans la nuit, donnent à voir des façades délabrées, lézardées parfois, et lorsque les embouteillages ralentissent la circulation et que le regard trouve le temps de se promener du haut en bas des tours, il peut apercevoir quelques silhouettes qui se détachent dans des pièces qui semblent minuscules. Ces apparitions donnent le sentiment d'une ville grouillante, où l'entassement des êtres humains, sans aucune préoccupation de leur bien-être ni de leur environnement, s'est fait à mesure que l'économie croissait.

Aux aurores, en ouvrant les rideaux de l'immense suite où j'ai cherché en vain le sommeil, au vingt-quatrième étage d'un hôtel moderne et sans âme, je découvre un ciel laiteux qui descend jusqu'au fleuve Yang-Tsé, saturé de bateaux, dont on distingue à peine les formes, happées par un brouillard poisseux. Des pontons anarchiquement posés sur la rive accueillent des embarcations plus frêles. Leurs moteurs fumants ajoutent à la pollution ambiante.

En regardant ce paysage irréel, je repense au film *Un singe en hiver*, et à cette déclaration d'amour délirante de Jean Gabin au fleuve Bleu : « Le Yang-tsé-Kiang n'est pas un fleuve, c'est une avenue. Une avenue de 5 000 kilomètres qui dégringole du Tibet pour finir dans la mer Jaune, avec des jonques et puis des sampans de chaque côté… Le Yang-tsé-Kiang, camarade, c'est des millions de mètres cubes d'or et de fleurs qui descendent vers Nankin, puis avec tout le long des villes pontons où on peut tout acheter, l'alcool de riz, les religions, les garces et l'opium… »

Grâce à l'engagement de Laurent Fabius pour le climat et de Martine Aubry, qui a reçu de lui une mission destinée à contribuer à l'émergence de la ville durable de Wuhan, un programme liant la France à la Chine a pu être élaboré. Il doit permettre d'orienter cette grande province industrielle sur la voie de la mutation écologique.

Pendant mon audience avec le secrétaire du Parti de la province de Hubei, dans une immense maison d'hôte, très emblématique de l'hospitalité communiste, nous abordons tous les enjeux de la « ville durable ». La salle où se tient notre entretien bilatéral permet d'accueillir, de part et d'autre des deux fauteuils où nous avons pris place, une soixantaine de personnes qui composent nos délégations. Le secrétaire du Parti prend la parole pour un propos liminaire de quarante-cinq minutes, qui ne laisse que peu de place à l'improvisation et qui lui permet, fort heureusement, d'aborder la totalité des questions du moment, qu'il s'agisse du « partenariat global stratégique pour la stabilité et la prospérité du monde » ou des coopérations industrielles possibles dans les secteurs de l'automobile ou de l'environnement.

Dans son long préambule, mon hôte affirme qu'aucun responsable politique français de haut niveau ne s'est rendu dans la province de Hubei, depuis la visite du président Edgar Faure en 1955, et qu'il y a sans doute un peu de lui en moi, comme en témoigne d'ailleurs ma calvitie désormais irréversible… Lorsque mon tour vient de m'exprimer, sans doute désinhibé par le propos très roboratif et parfois inattendu de mon hôte, je lui rappelle le très joli poème écrit par Edgar Faure à la fin de sa vie et dont le titre, *On ne vit qu'un instant et le reste du temps on attend*, caractérisait peut-être le rythme des échanges entre la province de Hubei et la France. Sur ma lancée, j'évoque aussi Jean Gabin et le film *Un singe en hiver*, jusqu'au moment où je croise le regard de mon conseiller diplomatique, tétanisé par la tournure prise par cet entretien, dont il avait pourtant préparé les éléments de langage avec toute la prudence précautionneuse d'un diplomate du Quai d'Orsay.

Pour le déjeuner, nous prenons place autour d'une table ronde d'une dizaine de mètres de diamètre, sur laquelle une décoration qui évoque notre coopération a été réalisée : on y trouve des paysages bucoliques reconstitués, avec des espaces boisés ou fleuris, traversés par des cours d'eau claire, qui évoquent notre ambition partagée pour la ville durable. On y voit aussi un petit train cheminant entre des montagnes et qui fait référence à la ligne de fret Lyon-Wuhan, dont je célébrerai l'intérêt stratégique, en présence d'exportateurs français, en début d'après-midi. Au milieu du déjeuner, de l'autre côté de la table ronde, à dix mètres environ, je vois l'industriel Christian Blanckaert et mon chef de cabinet perdus au milieu des invités. Je leur fais parvenir un petit texto par lequel je leur demande de bien vouloir me faire passer la sauce au soja. Ils me regardent dubitatifs...

Pendant ce temps, à Paris, François Bayrou annonce qu'il ne se présentera pas à l'élection présidentielle et qu'il soutiendra Emmanuel Macron. Yannick Jadot et Benoît Hamon scellent leur accord programmatique, après des semaines de discussions qui ont occupé tout l'espace de la campagne, sans susciter le moindre intérêt de nos concitoyens : le siphonnage de l'électorat socialiste par le candidat d'En marche risque de s'accélérer.

Vendredi 24 février

Dans l'affaire des emplois fictifs dont auraient bénéficié certains assistants d'eurodéputés du Front national, une nouvelle étape est franchie avec le refus de Marine Le Pen de déférer à la convocation des juges d'instruction, qui souhaitent l'interroger.

Pour elle, les magistrats ne pourraient donc procéder à des investigations que lorsque les mis en cause en jugeraient le moment opportun. Les juges seraient suspects, car ce n'est pas le droit qu'ils chercheraient à faire prévaloir, après avoir constaté des troubles à l'ordre public, mais des objectifs politiques qu'ils s'emploieraient à atteindre. Il faut donc retourner l'accusation contre eux, pour mieux se dérober à l'obligation d'avoir des comptes à leur rendre.

Avec un tel raisonnement, on voit mal comment Marine Le Pen pourrait incarner l'autorité de l'État, qui puise d'abord sa force dans le légalisme et le respect des institutions.

Samedi 25 février

Pour justifier sa politique migratoire, Donald Trump a déclaré, à l'occasion de la grande conférence annuelle des conservateurs : « Paris n'est plus Paris. » Prenant l'Union européenne et la France pour cibles, il a poursuivi, péremptoire : « La sécurité nationale commence par la sécurité aux frontières. Les terroristes étrangers ne pourront pas frapper l'Amérique s'ils ne peuvent pas entrer dans notre pays. »

Le raisonnement déployé par le nouveau président américain est très exactement celui de l'extrême droite française. Il emprunte à la fois à l'approximation et au mensonge. Il se termine dans une impasse.

Prétendre que la France aurait cessé d'être elle-même depuis qu'elle se trouve exposée au terrorisme par défaut de contrôles à ses frontières relève d'une analyse un peu courte. C'est d'ailleurs la raison pour laquelle un tweet suffit à l'exprimer, en moins de 140 caractères. En France, ces contrôles ont été rétablis dans la nuit du 13 novembre 2015. Ils ont permis la non-admission de dizaines de milliers d'étrangers qui auraient pu représenter un danger pour la sécurité nationale. Confondre le contrôle aux frontières avec leur fermeture relève du mensonge, car aucune mesure de police ne rendra jamais les frontières totalement étanches, ni ne parviendra à garantir à nos compatriotes le risque zéro face à la menace terroriste. Et c'est bien là l'impasse que représentent les populismes face aux maux qu'ils prétendent combattre : en promettant ce qui n'est pas possible, ils affaiblissent la capacité de résilience des peuples car, face à la barbarie terroriste, c'est la vérité qui donne de la force et la démagogie qui engendre la vulnérabilité.

Face à ces outrances, je repense à la solidité des échanges que j'ai pu avoir avec Lisa Monaco sur les questions de sécurité intérieure, lorsqu'elle conseillait Barack Obama à la Maison-Blanche, ou avec mes homologues américains Jeh Johnson ou Eric Holder, chargés de la lutte antiterroriste au sein de la même administration. Et si Paris est toujours Paris, les États-Unis ont cessé d'être eux-mêmes depuis qu'un nouveau président s'évertue à les détourner des valeurs universelles qu'ils ont longtemps incarnées aux yeux du monde.

Dimanche 26 février

Dans *Le Journal du Dimanche*, Jean-Jacques Urvoas, rappelle quelques principes républicains qui s'appliquent au fonctionnement de la justice. Alors qu'à droite ou au Front national on s'interroge sur le calendrier des investigations engagées par les juges en toute indépendance, il n'est pas inutile de rappeler qu'« il n'y a pas une justice pour les anonymes et une justice pour les gens célèbres » et que « si, par le passé, il y a eu des pauses électorales pour l'audiencement de certaines affaires, celles-ci n'ont jamais concerné la conduite des enquêtes ». Enfin, le ministre de la Justice pointe, à juste titre, l'extravagance des accusations en instrumentalisation des juges : « Imaginer que des instructions aient pu être ordonnées sur François Fillon ou sur Marine Le Pen est tout simplement absurde, parce que, illégal. » Et de rappeler à juste titre que la droite s'est par ailleurs toujours opposée, de façon virulente, au renforcement de l'indépendance du parquet.

Marine Le Pen tente d'échapper à la pression exercée par les affaires sur sa candidature en multipliant les déclarations outrancières à l'encontre des juges d'instruction : « Les magistrats sont là pour appliquer la loi, pas pour l'inventer, pas pour contrecarrer la volonté du peuple, pas pour se substituer aux législateurs… », a-t-elle déclaré en marge de son meeting de Nantes.

C'est oublier que lorsqu'un juge indépendant convoque un responsable politique pour l'entendre sur le contenu d'une affaire le concernant, c'est en vertu de la loi qu'il agit, et non par caprice ou par calcul politique. Il n'invente donc pas la loi en se comportant ainsi, mais il l'applique, sans sourciller. Quant à la volonté du peuple, elle s'exprime dans l'élaboration de la loi par la représentation nationale, après que celle-ci a été désignée par le suffrage universel. C'est pour cela que, dans la République, la justice est rendue au nom du peuple français, et non contre sa volonté.

Lundi 27 février

À ma grande surprise, hier soir, François Fillon a accusé le gouvernement de laisser s'instaurer « un climat de quasi-guerre civile » en marge de ses meetings, perturbés par des Français le rappelant bruyamment à la réalité des accusations hebdomadairement proférées par *Le Canard enchaîné*. Contre toute vérité, il a indiqué à la presse m'avoir à plusieurs reprises alerté sur la passivité du gouvernement face à ces perturbateurs et a apporté implicitement son soutien aux mises en cause de Marine Le Pen en déclarant : « Je combats le Front national de toutes mes forces, mais je ne peux pas accepter que des autocars soient pris d'assaut sur l'autoroute comme si on était au Far West. »

Après le « coup d'État institutionnel », voilà qu'il nous faut maintenant nous expliquer sur la « quasi-guerre civile » dont nous serions les instigateurs. En arrivant de mauvaise humeur au Salon de l'agriculture, au petit matin, je réplique, avec la sincérité pour seule arme : « La politique appelle, y compris pendant la période électorale, de la dignité, de la hauteur de vue et une certaine exigence de vérité. Je peux comprendre que certains candidats soient tentés de dissimuler derrière des polémiques une difficulté à faire campagne. Employer le terme de quasi-guerre civile, quand on est un responsable politique éminent et qu'on sait le niveau de mobilisation des forces de sécurité dans notre pays, n'est tout simplement pas responsable. Nous n'acceptons aucune violence à l'encontre d'aucun candidat et les protégeons tous avec exigence. »

Mardi 28 février

Le Premier ministre albanais, Edi Rama, est à Matignon pour me faire part de l'aspiration de son pays à rejoindre l'Union européenne. Dans sa fiche biographique, je découvre qu'il a commencé très jeune une carrière de basketteur, ce qui n'a jamais correspondu à mon ambition, pour des raisons que la photographie officielle de cette visite, prise devant les drapeaux de nos deux pays dans l'antichambre de mon bureau, suffirait à faire comprendre. Parfaitement francophone pour avoir fait toutes ses études à Paris, passionné d'art et de culture, sans doute en raison de l'influence de son père, le sculpteur Kristaq Rama, mon homologue albanais a du charisme et une réelle capacité de conviction. Après que les questions politiques ont été évoquées entre nous, avec un formalisme qui semble ne pas lui convenir, il me parle avec émotion de sa jeunesse à Paris, de sa passion irrépressible pour la liberté, née de la fréquentation des universités françaises, et de son intérêt pour l'art.

Tout en m'invitant à découvrir les prochaines expositions programmées de ses œuvres, il sort un carnet qui contient les plus récentes d'entre elles. Des dessins réalisés au feutre figurent des labyrinthes, à moins qu'il ne s'agisse de cartes de pays inconnus ou encore de représentations d'un monde imaginaire dont il aurait seul les clefs et qui ne serait accessible que par lui.

Lorsque je le fais commandeur de la Légion d'honneur, sans qu'il ait été préalablement informé de cette décision prise par le gouvernement français, le colosse albanais verse une larme, comme si la reconnaissance de la France, qu'il aime profondément, était la plus belle des consécrations. En nous quittant, nous nous promettons de nous revoir souvent, autour de ses dessins, mais aussi pour évoquer l'avenir de la social-démocratie européenne.

Mercredi 1er mars

Tôt ce matin, François Fillon a décidé de reporter sa visite au Salon de l'agriculture. Ses attaques récentes sur « le climat de guerre civile » me font redouter une nouvelle polémique qui viendrait pourrir un peu plus la campagne présidentielle. Mon cabinet vérifie auprès de celui du ministre de l'Intérieur qu'aucune nouvelle information ne nous est parvenue concernant des risques de troubles à l'ordre public pendant la visite programmée du candidat chez les agriculteurs. En l'absence d'informations nouvelles, nous cherchons à comprendre les raisons de cette annulation.

Lorsque François Fillon s'exprime, en fin de matinée, c'est pour indiquer qu'il sera convoqué le 15 mars prochain par les juges d'instruction afin d'être mis en examen, et qu'il déférera à leur convocation. Puis il en appelle au peuple français, car c'est à lui seul et « non pas à une procédure menée à charge qu'il appartient de décider de qui sera le prochain président de la République ». Et de poursuivre en dénonçant véhémentement « un assassinat politique, qui n'est pas seulement l'assassinat d'un homme, mais celui de l'élection présidentielle ».

J'avais la conviction que François Fillon renoncerait, le jour où sa mise en examen deviendrait inéluctable, pour ne pas avoir à porter sur ses épaules la responsabilité de la défaite de son camp. C'était sous-estimer son caractère et sa volonté d'en découdre avec ceux qui l'avaient depuis longtemps humilié. Je constatais une fois de plus que les qualités des hommes, et par conséquent leur réputation, pouvaient être entachées par leur irrépressible besoin du pouvoir et de ses attributs.

Jeudi 2 mars

Avec le secrétaire d'État chargé de l'Enseignement supérieur et de la Recherche, Thierry Mandon, j'interviens au Collège de France pour soutenir le programme PAUSE, destiné à permettre l'intégration dans les centres de recherche, les universités et les grandes écoles des étudiants et chercheurs étrangers qui ont fui les persécutions dans leur pays. Ils ont vocation, pour la plupart d'entre eux, à bénéficier du statut de réfugié en France. Grâce à la mobilisation de la Fondation de France et d'un tissu dense d'associations, un fonds a été ouvert à la souscription, qui facilitera leur accueil.

Déjà, en 1936, un chercheur juif, Louis Rapkine, qui avait travaillé au Collège de France, avait créé un comité pour l'accueil des réfugiés universitaires juifs d'Europe centrale, mais aussi des antifascistes italiens, espagnols et portugais.

Plus tôt, en 1933, au lendemain de l'arrivée au pouvoir des nazis en Allemagne, le ministre français de l'Éducation nationale, Anatole de Monzie, avait soumis au Parlement un projet appelant à la création au Collège de France d'une chaire destinée à Albert

Einstein. Cette initiative devait aussi permettre d'accorder toute facilité aux étudiants allemands qui avaient été contraints, comme lui, à l'exil. Le projet était soutenu au centre-gauche par le radical Émile Borel et au centre-droit par une autre personnalité, Louis Marin. L'un et l'autre emportaient avec eux une majorité des grands esprits de la IIIe République, à l'exception de l'extrême droite de l'époque, et notamment de l'une de ses figures, François Coty, qui alla jusqu'à affirmer que l'objectif de cette chaire prestigieuse était de permettre à Einstein d'« installer le communisme au Collège de France ». Déjà, dans les années trente, la manipulation constituait l'arme privilégiée des factieux et des réactionnaires.

Plus tard, dans la journée, avec les membres du gouvernement chargés des questions sociales, nous recevons à Matignon les ministres sociaux-démocrates européens, avec l'objectif de rendre irréversible la création d'un socle des droits sociaux applicable à l'ensemble des pays de l'Union.

L'ambition est de ne plus opposer la compétitivité à la protection sociale, en dotant l'Europe de règles communes en matière de conditions de travail, en instaurant progressivement un salaire minimum décent, fixé à 60 % du salaire médian national, et en reconnaissant le droit à la déconnexion pour les salariés. Parmi les priorités figure également la lutte coordonnée contre la fraude au détachement. La mise en place de l'égalité professionnelle réelle entre les femmes et les hommes, le renforcement de la mobilité des apprentis, l'instauration de protections multiples contre les aléas de la vie constituent d'autres chantiers à ouvrir.

Au moment de la conférence de presse de clôture de cette rencontre, plusieurs ministres remercient la France pour son action. Les ministres Marisol Touraine et Myriam El Khomri me font remarquer, à juste titre, que ce qui est considéré comme un progrès par les sociaux-démocrates européens est presque présenté comme un échec par certains à gauche.

Vendredi 3 mars

La situation économique et financière de la Grèce aura mobilisé François Hollande et ses gouvernements successifs jusqu'à la fin du quinquennat. Le commissaire européen Pierre Moscovici n'aura pas non plus ménagé sa peine pour parvenir à rapprocher les points de vue, souvent divergents, des institutions de l'Union, du Fonds monétaire international, de l'Allemagne et de la France, en vue de surmonter les crises à répétition de la zone euro et de préserver son intégrité. C'est toujours dans les tensions que les accords auront été trouvés, donnant ainsi le sentiment d'une Europe convulsive, en permanence au bord de la crise de nerfs et ne parvenant pas à surmonter les épreuves autrement qu'avec des drames.

Au sein du gouvernement français, Michel Sapin est à la manœuvre. Oscillant entre l'exaspération lorsque son collègue Wolfgang Schäuble lui donne le sentiment de vouloir imposer de nouveaux sacrifices au peuple grec, déjà exsangue, et une forme de jubilation lorsqu'une solution semble se dégager, il est habile, patient et en parfaite maîtrise de ses sujets. Pour les Européens, il constitue un négociateur efficace. Pour le président de la République comme pour moi, un interlocuteur fiable. Il m'accompagne donc aujourd'hui à Athènes pour ma rencontre avec Alexis Tsipras, qui intervient dans un contexte où les nuages s'amoncellent au-dessus de son pays.

Le chef du gouvernement grec exprime à la France sa reconnaissance pour la solidarité dont elle a fait montre depuis le début de la crise. Il m'interroge longuement sur les conséquences que pourrait avoir l'élection présidentielle sur la politique européenne de la France, notamment à l'égard de la zone euro. Comme la plupart des chefs d'État et de gouvernement que j'ai récemment rencontrés, il redoute que la montée des populismes ne finisse par avoir raison du projet européen et des solidarités qu'il a contribué à construire, depuis plus de soixante ans, au bénéfice des nations. Comme il est conscient du rôle déterminant joué par François Hollande pour que la droite européenne ne parvienne pas à asphyxier la Grèce, ni à l'exclure de la zone Euro, il anticipe avec inquiétude l'avènement en France d'un gouvernement conservateur, qui épouserait volontiers les thèses du ministre des Finances allemand, là où nous nous sommes collectivement mobilisés pour lui résister, sans jamais porter préjudice à la solidité de l'axe Paris-Berlin.

Lorsque Tsipras décortique le Programme d'ajustement économique qu'il doit appliquer scrupuleusement et qu'il passe en revue les succès déjà engrangés, ainsi que les défis qui se présentent encore à lui, il parle surtout des sacrifices que son peuple a dû consentir et de sa capacité de résilience. Ce jeune chef de gouvernement est un homme d'État courageux, qui n'a renoncé à aucune de ses convictions, mais qui n'a pas souhaité laisser le soin à d'autres d'accomplir le nécessaire et difficile travail de redressement de son pays. Il a pris ses responsabilités et son risque. Alors que sa nervosité affleure en permanence, qui n'altère jamais son sourire, on imagine la succession des nuits blanches, les heures passées à convaincre, l'envie parfois de jeter l'éponge.

Afin de ne pas perturber les négociations en cours avec le FMI et nos partenaires allemands, nous décidons d'exercer une pression positive sur le système, en insistant sur les résultats déjà engrangés par la Grèce et en réaffirmant notre engagement total à ses côtés, en vue d'un accord rapide avec ses créanciers. Et pour bien matérialiser notre détermination, j'évoque la question de la dette grecque, en souhaitant son « reprofilage » de manière pragmatique et sérieuse.

Au moment de mon départ, Alexis Tsipras me demande de redire à « François » son affection et son indéfectible reconnaissance pour l'aide constante qu'il a apportée à son pays. Lorsque je lui dis qu'en France une partie de la gauche nous reproche de ne pas avoir assez soutenu la Grèce et de ne pas avoir suffisamment réorienté l'Europe, il exprime dans un haussement d'épaules une forme d'exaspération, car il pressent mieux que quiconque que dans les postures avantageuses d'une certaine gauche se prépare parfois le retour de la droite la plus dure.

Dimanche 5 mars

François Fillon enregistre la défection d'une partie de ses soutiens. Certains, qui s'étaient bousculés pour être sur la photographie dans les jours qui ont suivi la primaire, s'empressent de prendre leurs distances.

Avec l'espoir d'un sursaut qui relancerait sa campagne, il organise aujourd'hui un rassemblement au Trocadéro. À moins qu'il ne s'agisse d'un baroud d'honneur avant de se retirer, pour éviter la débâcle de son camp.

Il est difficile d'évaluer l'importance de la foule présente à Paris, cet après-midi. Mais l'affluence est suffisamment significative pour que le candidat puisse s'en remettre à ses partisans, à la légitimité qu'ils ont contribué à lui donner par leurs votes au moment de la primaire. Pour ceux qui sont venus témoigner de leur soutien, « aucun complot ne parviendra jamais à voler sa victoire à la droite ». Dans son discours, François Fillon atténue ses critiques à l'encontre de la justice. Il dit même ne plus désespérer d'elle. Il reconnaît avec habileté ses erreurs. Il avoue avoir fait son examen de conscience et invite désormais ses soutiens à faire le leur, comme pour culpabiliser ceux qui s'apprêteraient à le lâcher ou à étaler leurs états d'âme.

Ce qui saute aux yeux, dans ce rassemblement, c'est la solidité du socle des irréductibles, que les sondages évaluent encore à 20 % des intentions de vote. Ce qui impressionne également, c'est la force de caractère de François Fillon, sa détermination à en découdre, que certains assimilent à l'obstination du forcené.

François Mitterrand aimait à dire qu'on ne peut rien contre la volonté d'un homme. La droite et son candidat pourraient bien en faire la démonstration à leurs dépens.

Lundi 6 mars

Alain Juppé a fait savoir, ce matin, qu'il ne jouerait pas le rôle du recours. Il a vivement regretté l'« obstination » de François Fillon, qui constitue selon lui une « impasse ». S'en prenant à un « système de défense fondé sur la dénonciation d'un prétendu complot et d'une volonté d'assassinat politique », le maire de Bordeaux a également pointé la « radicalisation » du noyau dur des militants et des sympathisants des Républicains, pour considérer qu'elle faisait obstacle au rôle fédérateur qu'il aurait pu jouer. Lucidement, il a fait le constat du profond besoin de renouvellement de la vie politique française et a clos la séquence des supputations autour de sa candidature en prétendant qu'il ne pouvait pas incarner cette aspiration nouvelle.

J'ai toujours eu la plus grande considération pour Alain Juppé. D'abord en raison de l'absolue loyauté dont il a toujours fait montre à l'égard de Jacques Chirac et de sa famille politique, mais surtout pour son sens élevé de l'État. Souvent, il s'est fait plus discret que les siens, considérant qu'il n'avait pas à se perdre dans les méandres de la médiocre politique.

Loin du tumulte des états-majors parisiens, il a consacré toute son énergie à la transformation de Bordeaux, qui en quelques années est devenue l'une des villes les plus attractives de France. Au Quai d'Orsay, qu'il a dirigé à deux reprises dans des configurations politiques très différentes, il a imprimé sa marque, au point que la simple évocation de son nom, lorsque j'y étais moi-même en fonction aux côtés de Laurent Fabius, suffisait à susciter la nostalgie des diplomates.

Pendant l'Euro 2016 de football, nous avons travaillé étroitement ensemble pour assurer la sécurité de cette grande compétition sportive, lui dans sa responsabilité de président des villes-hôtes, moi comme ministre de l'Intérieur. Il nous a fallu résister aux amis de Nicolas Sarkozy, qui aspiraient à le mettre en difficulté personnellement, dans la perspective de la primaire, en dénonçant la « folie » que constituait l'organisation des fans zones dans un contexte de menace terroriste élevée. Jusqu'au bout nous avons tenu bon et j'ai apprécié sa rectitude, dans un contexte où sa responsabilité l'exposait plus que d'autres aux commentaires et aux polémiques.

Aujourd'hui, son renoncement prive l'élection présidentielle du concours d'un véritable homme d'État. Elle contribue également à redistribuer les cartes, à quelques semaines du premier tour du scrutin. Avec François Hollande, nous partageons la conviction que la radicalisation du discours de certains responsables de la droite française peut favoriser le transfert d'une partie des électeurs vers Marine Le Pen. Nous pensons surtout que les plus modérés d'entre eux se tourneront vers Emmanuel

Macron, qui s'installera de plus en plus comme le favori du scrutin. Puisque Benoît Hamon lui réserve la plupart de ses attaques plutôt que de s'en prendre au programme funeste du Front national, nous estimons qu'il est de notre devoir de corriger le tir en dénonçant nous-mêmes les risques que ferait peser sur le pays l'application des mesures préconisées par Marine Le Pen.

C'est en Lorraine, où le parti d'extrême droite a obtenu ses meilleurs résultats lors des dernières échéances électorales, que je mets en garde le pays. La visite d'une usine de production de véhicules utilitaires, dont les emplois dépendent de l'exportation, est l'occasion d'interroger, en présence des ouvriers, la pertinence d'une politique dont le protectionnisme est la doctrine et dont la mise en œuvre priverait l'entreprise d'une grande partie de ses débouchés, compromettant ainsi ses emplois à terme. Dans une région où l'agriculture souffre, les conséquences de la disparition des aides de la Politique agricole commune, si nous venions par malheur à sortir de l'Europe, doivent aussi être mises en évidence. Les effets d'une sortie de l'euro sur l'évolution des taux d'intérêt et sur la valeur de l'épargne des Français impactent encore plus facilement les esprits.

De son côté, le président de la République affirme, dans une interview accordée à six journaux européens dont *Le Monde*, que la menace d'une victoire de Marine Le Pen existe bien, et en précise les conséquences sur chaque sujet avec pédagogie.

En quittant Longwy, le maire sans étiquette d'une commune avoisinante m'aborde et me dit : « Je vous ai bien écouté et je pense que vous avez raison sur bien des points. Mais vous ne convaincrez personne avec vos arguments, car personne n'a envie de les entendre. Les gens ici sont en colère et pour bien le faire savoir ils voteront pour le Front national, quoi qu'il advienne. »

Mardi 7 mars

À Oignies, les élus des Hauts-de-France se retrouvent pour la signature du contrat de redynamisation du bassin minier, avec à leur tête Xavier Bertrand. Il accompagne, avec les financements de la région, l'ambition que nous avons décidé de porter ensemble pour le développement urbain et économique de ce territoire dont les habitants se sentent relégués et votent massivement pour le Front national.

Ensemble, nous avons décidé au terme d'un long travail d'investir 100 millions d'euros pour faire du bassin minier un territoire d'excellence de la transition énergétique. Pour réussir ce pari, près de 23 000 logements seront réhabilités en dix ans, avec le souci d'améliorer sensiblement la performance énergétique de chacun d'eux. Le patrimoine architectural, industriel et paysager que constitue cet habitat ancien sera mis en valeur afin de renforcer les centralités urbaines. La mobilité des biens et des personnes sera encouragée par le développement des transports propres. Sous la coordination du préfet de région, Michel Lalande, des mesures en faveur de l'éducation, de la santé et de la culture ont été élaborées, qui faciliteront la mobilisation des citoyens. Pour permettre aux chômeurs du territoire de bénéficier des retombées des investissements programmés, un plan de formation est prévu, de telle sorte que les entreprises du bâtiment puissent recourir à la main-d'œuvre locale au moment de la réalisation des travaux de réhabilitation.

Du sommet du terril d'Oignies on peut voir le bassin minier, désormais inscrit au Patrimoine mondial de l'humanité. Il ne reste plus rien des exploitations, qui longtemps façonnèrent ici une tradition, mais aussi une culture politique et syndicale. Le paysage de cette époque désormais révolue demeure immuable, avec ses bâtiments industriels où la brique domine et contribue à la pureté des lignes et à l'élégance subtile des volumes. Du rythme imprimé par ces maisons en alignement, le long de rues longues et monotones, semble naître aujourd'hui une harmonie. Comme s'il fallait longtemps à la ville, lorsqu'elle a abrité les souffrances et les luttes, pour révéler aux yeux du monde les secrets jalousement gardés de sa profonde unité.

Pendant la cérémonie de clôture de cette visite émouvante, les élus m'offrent une vieille lampe de mineur, lourde et conçue pour résister à tous les chocs. Je l'accepte avec l'idée de la placer chez moi, sur un petit meuble qui fait face à mon bureau. J'ai l'espoir qu'elle me donnera un peu du courage de ces travailleurs de la noirceur du ventre de la terre, dont les combats furent héroïques et qui donnèrent à la classe ouvrière quelques-unes de ses plus belles conquêtes.

Mercredi 8 mars

Hier matin, à Saint-Denis, à l'aide de fumigènes et de divers projectiles, des jeunes ont tenté de mettre à sac le lycée Surger, dans le quartier sous tension du Franc-Moisin. L'établissement a alors été évacué, mais les violences se sont poursuivies en centre-ville, où des policiers ont été pris à partie. Des poubelles ont été incendiées et du mobilier urbain endommagé.

Cinquante-cinq jeunes, dont quarante-quatre mineurs, ont été placés en garde à vue. Une grande partie a été relâchée sur instruction des magistrats. La ministre de l'Éducation nationale a rapidement réagi en réunissant les membres de la communauté éducative, le préfet du département et les élus. Elle a à juste titre rappelé le renforcement depuis le mois d'octobre dernier des équipes mobiles de sécurité, notamment dans l'académie de Créteil, dont dépend le département de la Seine-Saint-Denis.

Dans une déclaration parfaitement calibrée pour plaire à son électorat, François Fillon a déclaré : « Il y a quelque chose de brisé dans notre République. Nous avons assisté à une véritable émeute, suivie d'une guérilla urbaine dans les rues. Cette situation n'est pas tolérable. Moi je ne la tolérerai pas ! » En prenant au pied de la lettre ces propos de campagne, les Français peuvent légitimement penser que le gouvernement tolère les violences, qu'il s'en accommode. Leur avènement ne serait donc pas imputable à ceux qui les ont commises mais à ceux, complaisants, qui les ont laissé faire. Il y aurait donc un laxisme d'État, consubstantiel à la gauche, auquel on pourrait mettre fin en lui substituant la droite. En novembre 2005, après la mort tragique de deux jeunes à Clichy-sous-Bois, la France avait eu à affronter trois semaines consécutives d'émeutes urbaines, qui avaient obligé le gouvernement de Dominique de Villepin à placer le pays sous le régime de l'État d'urgence. J'étais à l'époque maire de Cherbourg et dans les quartiers sensibles de ma ville, des voitures avaient brûlé. À aucun moment pendant ces événements, alors qu'une partie de la gauche s'abandonnait à des postures, je ne m'étais désolidarisé du gouvernement, du préfet et des forces de l'ordre. La droite, dans des circonstances incomparablement moins graves bien que préoccupantes, choisissait une autre voie. Et si quelque chose était brisé dans la République, c'était bien ce lien qui unissait les responsables politiques dans l'éthique de la responsabilité, lorsque l'essentiel était en jeu.

Dans la même veine, mais de façon plus prévisible, Marine Le Pen cherche à accréditer l'idée d'une augmentation massive de l'immigration en France. Interrogé dans l'après-midi par la presse européenne sur ce sujet, je me laisse aller à dire ce que je pense de sa campagne : « Il n'y a pas d'augmentation massive de l'immigration en France. Marine Le Pen, c'est un mensonge par jour, et comme elle s'exprime chaque heure, c'est désormais un mensonge par heure. Je l'ai entendue indiquer dans une émission, il y a quelques jours, qu'on ne renvoyait aucun étranger en situation irrégulière. C'est là un nouveau bobard, car nous reconduisons chaque année 15 000 étrangers en situation irrégulière et que nous faisons mieux encore, depuis que nous avons rétabli le contrôle aux frontières, pour le cas où elle n'en serait pas informée. Dans l'histoire de notre pays et de l'Europe, l'extrême droite, ce sont des mensonges qui peuvent séduire, mais qui aboutissent toujours à des désastres. »

Jeudi 9 mars

Je me rends au quartier général de Benoît Hamon, en début de matinée, dans un contexte où le doute s'est installé sur sa stratégie de campagne. J'y découvre une jeunesse chaleureuse et visiblement enthousiaste, qui dégage une ambiance de monôme étudiant. Dans le bureau où nous nous retrouvons en tête-à-tête, j'essaie de nouveau de faire passer quelques messages sur la nécessité du rassemblement de toute notre famille, sur le nécessaire recentrage de la méthode et du discours, après toutes ces semaines passées en discussion avec les Verts et La France insoumise, qui ont dérouté une partie des nôtres. Je redis à Benoît Hamon ma loyauté, non que je sois en accord avec sa ligne, ou avec les alliances qu'il préconise, mais je ne veux pas ajouter à la confusion née de cette primaire absurde. Comme toujours notre échange est cordial, mais lui comme moi éprouvons de la gêne au constat de ce qui nous sépare et semble désormais irréductible.

Au terme de notre entretien, nous nous exprimons l'un et l'autre face à la presse, mais mon intervention ne répond pas à son attente d'un soutien sans réserve, bien que je sois allé au bout de ce que j'estimais, en conscience, pouvoir faire.

Dans l'après-midi, après m'être exprimé à Bordeaux devant les élèves de l'École nationale de la magistrature et les avoir appelés à ne pas se laisser impressionner par certains propos de responsables politiques mettant en cause l'indépendance ou l'impartialité des juges, je retrouve Alain Juppé, dans sa mairie. Pendant que nous nous entretenons en tête-à-tête, Emmanuel Macron est à Talence, à quelques kilomètres seulement, pour tenter de ramener à lui « les électeurs juppéistes qui se cherchent ». Les efforts qu'il déploie pour les convaincre empruntent aux ressorts les plus classiques de la politique, lorsqu'elle s'emploie à séduire à tout prix. Loin de ce vacarme, qui mobilise toute la presse, nous évoquons avec Alain Juppé le contexte politique. Nous restons, l'un et l'autre, sur la réserve. Il n'est pas non plus indispensable de passer trop de temps à faire le constat de nos accords ni celui de notre tristesse face à un moment politique qui tourne le dos à notre conception de la politique et de l'État. Lorsque nous décidons de nous rendre à pied jusqu'à la préfecture, où nous devons signer ensemble le contrat métropolitain, les Bordelais qui nous croisent manifestent leur satisfaction de nous voir déambuler ensemble. Le maire de Bordeaux me parle des réalisations récentes de son équipe municipale et des projets à venir. À l'entendre, je comprends que la sagesse le conduira à observer depuis Bordeaux, sans omniprésence médiatique, la tournure que prendront les choses.

De retour à Paris, je découvre une dépêche qui rend compte du rapprochement de Jean-Yves Le Drian avec Emmanuel Macron. Pressé de questions, l'entourage du ministre de la Défense a répondu : « C'est un homme libre, il est totalement maître de son calendrier… »

Samedi 11 mars

En poursuivant son déplacement en Aquitaine, Emmanuel Macron a indiqué qu'il tiendrait ses engagements de campagne et qu'il serait le garant de la mise en œuvre du projet qu'il porte, celui des progressistes. Il a aussi appelé à un profond renouvellement du personnel politique, après s'être dit convaincu de la volonté des Français de ne plus « voir toujours les mêmes têtes ». Se présentant pour la première fois comme le candidat de l'alternance, il a clairement refusé de s'inscrire dans la continuité de l'actuel gouvernement. Interpellé par la presse sur le caractère hétéroclite de ses soutiens, il s'est défendu d'infléchir sa ligne politique en fonction de ceux qui lui apportent leur concours et a poursuivi aimablement en indiquant que ces ralliés n'avaient rien à attendre de lui, ni en termes de postes, ni en termes d'inflexion de ses orientations.

Il y a sept mois à peine, Emmanuel Macron était encore au gouvernement, comme ministre de l'Économie. Pendant deux années, dans cette fonction, il a réussi, sans jamais exprimer en conseil des ministres de désaccords majeurs avec la politique mise en œuvre sous l'autorité du président de la République. À l'Élysée, comme secrétaire général adjoint, il a pendant plus de deux ans contribué à élaborer la politique budgétaire et fiscale du gouvernement et accompagné le chef de l'État dans les sommets européens, où son efficacité a contribué à faire sa réputation. Sur les cinq années du quinquennat, il a donc été en responsabilité pendant plus de quatre ans. Ce qui caractérise la transgression, c'est qu'elle autorise tout, notamment ce qui est inconcevable.

Dans la dépêche de l'Agence France Presse, qui rend compte de cette prise de distance brutale d'Emmanuel Macron avec le quinquennat, il est dit que François Bayrou en a été l'inspirateur au moment de son ralliement. Je ne sais si cette information est juste. Mais si elle devait l'être, il n'y aurait pas alors de meilleure démonstration que les éternelles mêmes figures de la vie politique française sont parvenues, par leur ralliement, à infléchir la ligne politique du candidat qui ne veut « plus voir toujours les mêmes têtes ».

Lundi 13 mars

Lorsque nous nous retrouvons avec le président de la République à l'Élysée, pour notre déjeuner hebdomadaire, l'ambiance est plus lourde qu'à l'accoutumée. Hier, *Le Journal du Dimanche* a révélé que des costumes ont été offerts à François Fillon pour plusieurs milliers d'euros, par un ami dont l'identité n'a pas été révélée. Il y a quarante-huit heures, sur les réseaux sociaux, les Républicains ont diffusé une caricature d'Emmanuel Macron inspirée des pires campagnes antisémites de l'entre-deux-guerres, au point que leur candidat, visiblement furieux, a dû se désolidariser de ses troupes. Pendant le week-end, la droite et l'extrême droite ont fait feu de tout bois pour condamner la venue à Metz du ministre des Affaires étrangères de Turquie, Mevlut Cavusoglu, dans le cadre de la campagne référendaire en cours dans ce pays. Prétextant qu'il avait été refoulé la veille des Pays-Bas et que Recep Tayyip Erdogan multipliait les provocations envers les pays de l'Union européenne, l'opposition a feint d'oublier les principes de droit qui protègent la liberté de réunion en France pour s'en prendre avec véhémence au gouvernement. Enfin, Marine Le Pen a cherché, une fois encore, à instiller les plus grandes tensions au cœur du pays en déclarant que « l'immigration a, depuis quarante ans, engendré en France la perspective de la guerre civile ».

Avec le président de la République, nous partageons la même inquiétude de voir le pourrissement du climat politique aboutir au scénario du pire, celui de la progression des populismes jusqu'à l'issue du scrutin. Nous sondons aussi l'hypothèse du basculement d'un monde à un autre dont les convulsions du débat public apparaîtraient comme le symptôme. La déréliction de la droite et de la gauche et les outrances du Front national ouvriraient alors un large espace à Emmanuel Macron, qui verrait sa percée se confirmer davantage encore dans les sondages. De tout cela nous parlons librement. Et si nous ouvrons toutes les hypothèses, ce n'est pas parce que nous les considérons à égalité d'occurrence, mais simplement pour nous assurer que nous agissons avec suffisamment de détermination, pour éviter celles que nous redoutons le plus.

Dans cette perspective, je me rends cet après-midi à Vitrolles, pour poursuivre, comme l'indique la presse, mon offensive anti-FN. Dans cette ville, qui fut un temps dirigée par le Front national, les élus et les responsables associatifs me parlent des années sombres, de la fermeture des lieux culturels et éducatifs, des campagnes d'intimidation à l'encontre de certaines personnalités engagées dans la lutte contre le racisme et les discriminations. Dans la grande salle municipale où ils sont rassemblés, je constate que les citoyens les plus préoccupés par la poussée de Marine Le Pen s'apprêtent à voter pour Emmanuel Macron. Ils s'en ouvrent à moi, comme pour chercher mon approbation et m'assurer de leur fidélité. Pour l'instant, l'élection se joue autour d'une angoisse plutôt qu'autour d'une espérance.

Mardi 14 mars

Alors que Benoît Hamon termine sa tournée aux Antilles, Manuel Valls indique ne pas vouloir le parrainer, en raison de « la dérive sectaire de sa campagne ». Certains, dans l'entourage de l'ex-premier Ministre, commencent à dire qu'il appellera à voter pour Emmanuel Macron avant même le premier tour de l'élection présidentielle.

Dans la soirée, à l'Hôtel Matignon, le directeur général de la Sécurité intérieure, Patrick Calvar, reçoit les insignes d'officier de la Légion d'honneur. Ce grand policier, réservé et parfois rugueux, a su réagir avec sang-froid pendant les attaques terroristes. Réservé, se tenant délibérément à distance de ce qui brille, manifestant les plus grandes préventions à l'encontre des experts autoproclamés, il a le caractère entier des Bretons qui ne s'en laissent pas conter. Plus que quiconque, il a conscience que la valeur des gens de mer se mesure dans les tempêtes les plus violentes, même si leur destin tragique, généralement, n'émeut personne. Il sait aussi qu'il est toujours possible d'être englouti par les vagues, lorsque les éléments se déchaînent et qu'il serait déraisonnable de ne pas intérioriser lucidement ce risque. Conservateur, sceptique par nature, il est respecté par ses collaborateurs qu'il a toujours protégés de son autorité exigeante. Lorsque certains d'entre eux ont été injustement mis en cause par des polémiques, au lendemain des attentats, il est monté en première ligne en portant sur ses épaules tout le poids des critiques. Détestant les officines, pour n'aimer que la République et s'attacher à la servir toujours loyalement, Patrick Calvar est aussi ombrageux. C'est donc douloureusement qu'il vit les campagnes qui mettent en cause sa réputation, et plus encore celle de son service ou de ses collaborateurs. Dans les salons de Matignon, en cette fin de journée, la République salue un grand serviteur. En quittant l'assistance, je me dis que je ne parviendrai jamais vraiment à quitter la Place Beauvau, où j'ai laissé une grande partie de moi-même.

Mercredi 15 mars

Certaines collectivités locales, dirigées par la droite, ont décidé d'imposer la « clause Molière » – c'est-à-dire l'usage obligatoire du français – à l'ensemble des salariés des entreprises qui interviennent sur les chantiers de travaux publics dont elles assurent la maîtrise d'ouvrage. Cette clause n'est en rien inspirée par l'amour de la langue française, mais simplement par la volonté de faire obstacle à la concurrence d'entreprises étrangères faisant appel à des travailleurs détachés. Dans un contexte électoral où chacun observe l'autre, on attend de ces annonces spectaculaires, lisibles et groupées, qu'elles permettent d'engranger le maximum de voix.

De la tribune du Conseil économique, social et environnemental, un discours sur la défense de la langue française et l'amélioration des conditions de son apprentissage me permet de saisir l'auditoire de toutes les réserves que m'inspire le positionnement de ces élus, qui cèdent aux facilités de l'électoralisme. D'abord, plus de deux cent mille de nos ressortissants sont présents en Europe, sur des chantiers importants, où se déploient les compétences de nos entreprises. L'application brutale et sans préavis en France de cette clause Molière, rebaptisée pour l'occasion « clause Tartuffe », engendrerait immédiatement des représailles à leur encontre, qui seraient préjudiciables à l'économie française. Sur un autre registre, un examen même succinct des grands principes du droit, qu'ils soient constitutionnels ou européens, suffit à prendre conscience de l'impasse juridique dans laquelle les collectivités locales se sont placées en votant cette clause, attaquable devant les juridictions compétentes.

Dans cette campagne présidentielle, où la rationalité devient accessoire sous la pression des populistes, convaincre est une gageure pour quiconque se refuse à seulement séduire.

Jeudi 16 mars

Dans les Alpes-Maritimes, à Grasse, un adolescent de seize ans, dont les motivations sont inconnues, a ouvert le feu sur ses camarades et sur le proviseur du lycée où il est scolarisé. Compte tenu de la gravité des faits et après un rapide échange avec le président de la République, j'écourte mon déplacement en Picardie pour m'entretenir avec les ministres de l'Intérieur et de l'Éducation nationale des mesures à prendre : Najat Vallaud-Belkacem se rendra sur place, sans attendre. Très vite, l'hypothèse d'un attentat à caractère terroriste est levée. Il apparaît que le jeune lycéen, fasciné par les armes à feu, s'en est pris à ses camarades de classe avec lesquels il entretenait de mauvaises relations. L'acte héroïque du proviseur, le déclenchement immédiat du dispositif « Alerte attentat », les mesures de sécurité arrêtées par le gouvernement, en lien avec les collectivités locales, depuis la dernière rentrée scolaire, ont permis d'éviter le pire.

Dans la même journée, l'envoi d'un colis piégé au siège du FMI à Paris, vraisemblablement par un groupe anarchiste grec, a blessé un fonctionnaire de l'organisation internationale.

Alors que la campagne suit son cours, normalement, les jours se succèdent dans l'obsession d'un attentat qui viendrait, une fois encore, endeuiller le pays.

Vendredi 17 mars

À travers les fenêtres grandes ouvertes de la mairie de Pont-du-Château, au cœur de l'Auvergne, des collines et des vallées se détachent nettement, dans la lumière dorée qui le plus souvent accompagne le passage des saisons, là où l'hiver est froid et sec. Ici, au cœur de l'Auvergne, il y a des maisons aux murs épais, des cours d'eau qui semblent prendre la fuite et qui, en se sauvant, rencontrent des obstacles ou chutent dans des petits précipices, en formant des cascades d'eau claire.

Sur la place du bourg, quelques centaines d'habitants ont été rassemblés par le maire, parmi lesquels beaucoup d'enfants des écoles primaires et des collèges alentour. Ils sont venus célébrer le retour dans son village de Gabriel Aymard, un poilu dont la dépouille a été retrouvée dans la Somme, un siècle après sa mort sur les champs de bataille de la Première Guerre mondiale. Le silence, malgré la foule, porte le beau nom de respect. Dans un pays déchiré par le tumulte et la violence du débat public, ce village rassemblé dans le devoir de mémoire parle d'une autre France, bien vivante elle aussi, où l'altérité et la signification profonde des événements de l'histoire ont longtemps été enseignées pour conforter l'unité de la Nation et donner du sens au « vivre-ensemble ».

L'évocation de la trop courte vie de ce soldat raconte ce que fut le destin de millions de jeunes gens venus de toutes les provinces de France à l'appel de la République et qui sont tombés pour la défendre sur la terre glacée du Nord. Ce sont ces destins brisés par la démence des hommes et des nationalismes que découvrent les écoliers et les collégiens. En les regardant dans les yeux, j'essaie de faire résonner sur cette place publique les valeurs de paix, de tolérance, de fraternité que nous avons reçues en héritage. L'amour de la patrie se partage alors, naturellement. Cette enfance, qui vit parfois dans l'instantanéité numérique, comprend peut-être que la liberté ne naît pas de l'affranchissement de l'histoire, mais de l'effort soutenu de sa compréhension.

Samedi 18 mars

Un attentat a été évité ce matin à Orly, grâce au sang-froid des militaires de l'opération Sentinelle. Aux aurores, un homme a été arrêté au hasard d'un contrôle routier, à Garges-lès-Gonesse. En prenant la fuite, il a tiré sur les policiers, blessant légèrement l'un d'entre eux au visage. Plus tard, à Vitry-sur-Seine, il a volé un véhicule avec lequel il s'est rendu à l'aéroport d'Orly-Sud. Après avoir menacé de son pistolet à grenaille un jeune soldat et être parvenu à se saisir de son fusil d'assaut, il a été abattu par un autre militaire de la patrouille. Ce terroriste français de trente-neuf ans, ancien braqueur multirécidiviste, a affirmé vouloir « mourir pour Allah », répondant ainsi aux injonctions diffusées en continu sur certains réseaux par les responsables de l'État islamique.

Dans la journée, Marine Le Pen, plutôt que de féliciter les militaires pour leur courage et de constater la réactivité des dispositifs mis en place dans les gares et les aéroports pour faire face à d'éventuelles attaques, a préféré s'en prendre à un « gouvernement dépassé, ahuri et tétanisé ». Une nouvelle fois l'extrême droite, qui n'a voté aucune des lois antiterroristes présentées par le gouvernement, ni soutenu aucun des dispositifs de protection des Français face à la menace, choisit la manipulation, en transformant une opération réussie de neutralisation d'un terroriste en échec. Je n'ose imaginer ce que deviendrait la France si cette manière d'abîmer le débat public par le mensonge venait à s'ériger en méthode de gouvernement du pays.

Dimanche 19 mars

Benoît Hamon a réussi son grand rassemblement de Bercy, où ses partisans sont venus en nombre, pour le soutenir. Pour la première fois depuis le début de sa campagne, il s'est employé à rassembler tous les siens. Sur le bilan du quinquennat, il a enfin trouvé les mots : « Dans le bilan de François Hollande, nous pouvons aussi trouver notre fierté. De la fierté pour la retraite à soixante ans pour les carrières longues, pour le tiers payant généralisé, pour les postes de professeurs que nous formons à nouveau. De la fierté pour la transition énergétique et pour la loi Alur… »

Mais après des semaines perdues en vaines discussions avec les Verts et les Insoumis, je ne suis pas certain que ce qui est enfin bien dit n'ait pas finalement été dit trop tard.

De son côté, dans une tribune publiée dans le *JDD*, Manuel Valls réfute les accusations de trahison, après son refus de parrainer Benoît Hamon. Rejoignant peu à peu la ligne défendue par Emmanuel Macron, il invite à dépasser les vieux clivages. Face au risque de « basculement du pays vers l'extrême droite », il appelle « les progressistes et les républicains à assumer leurs convictions et à défendre cette position centrale, équilibrée, responsable, civique, la seule capable de rassembler les Français... ».

Dans les moments politiques les plus importants, où le basculement d'un monde à l'autre est possible, l'opportunité de l'instant pour dire les choses et le nom de l'émetteur pour les dire comptent presque autant que ce qui est dit. Pour avoir perdu cela de vue, de crainte sans doute de ne plus être au centre du jeu, les socialistes offrent une image de divisions et de calculs tactiques qui peu à peu les fait sortir du paysage. C'est cette impression que je livre à François Hollande, en fin de journée, lorsque je lui fais part de mes sentiments du jour. Il est pessimiste, lui aussi.

Lundi 20 mars

Depuis des mois, le ministère de la Ville prépare la signature de conventions avec les collectivités locales et l'Agence nationale de la rénovation urbaine pour accélérer la transformation de certains quartiers. Le projet de Pau, porté par le maire François Bayrou et la sénatrice Frédérique Espagnac, est prêt et n'attend plus que la signature des financeurs.

En dépit du souhait de certains socialistes de me voir renoncer à mon déplacement à Pau, j'ai finalement décidé de m'y rendre. La gestion des affaires de l'État ne peut en effet en permanence interférer avec celle de la campagne présidentielle, sauf à prendre le risque de voir le gouvernement disparaître peu à peu ou se dissiper en paroles inutiles et en gestes vains.

Dans les très beaux salons de l'hôtel de ville, François Bayrou rappelle longuement dans son discours d'accueil l'histoire de sa ville. Il évoque notamment Gaston Fébus, qui au XIVe siècle s'est affirmé à la fois comme un grand féodal et comme un écrivain très inspiré de langue française, passionné de poésie gasconne. Il s'attarde également sur le destin d'Henri IV, dont il a été le biographe. En convoquant ces grandes figures béarnaises, François Bayrou donne le sentiment de parler en creux de lui-même, de son rôle dans la ville et de celui qu'il estime devoir incarner nationalement. Héritier de ces valeureux ancêtres, dont il loue les mérites et les talents, il évoque par mille allusions le contexte présent, avec la conviction qu'il pourra non seulement être utile, mais saura aussi se révéler indispensable. Après que je lui ai fait remarquer, en réponse, que l'État aurait été moins généreux avec lui s'il avait été informé de l'existence d'un tel héritage, ayant occasionné une aussi grande richesse, nous signons, dans la bonne humeur, le contrat qui nous lie pour la rénovation urbaine du quartier Saragosse à Pau.

Dans une petite salle où nous nous retrouvons en tête-à-tête, autour d'un buffet gastronomique gascon auquel j'essaie en vain de résister, François Bayrou évoque sa campagne aux côtés d'Emmanuel Macron, l'excellent climat dans lequel elle se déroule et le bonheur qu'il ressent d'avoir eu raison très tôt en préconisant le dépassement des clivages, l'avènement d'une troisième voie et le gouvernement des meilleurs. Je l'écoute avec attention, en me souvenant qu'il y a un peu moins d'un an, chez le maire de Deauville Philippe Augier, nous nous étions retrouvés pour un dîner mémorable en présence de Marielle de Sarnez, d'Anne d'Ornano et du maire du Havre, Édouard Philippe, et que peu nombreux avaient été ceux, à l'époque, qui avaient révélé leurs dons de prescience. Avant de quitter l'hôtel de ville, je souhaite à mon hôte le meilleur et forme le vœu qu'une coalition vienne en soutien d'Emmanuel Macron, dans l'hypothèse où il serait élu. Car je crois davantage, pour faire progresser le pays, au consensus entre des sensibilités différentes qu'à leur possible disparition dans un parti unique.

Dans la soirée, à l'invitation de Jean-Christophe Cambadélis, je me rends devant le bureau national du Parti socialiste, rue de Solférino. Comme je m'y attendais, l'ambiance est tendue. Les procès en trahison ou en irresponsabilité sont désormais instruits chaque jour, sur la place publique, par les tenants de lignes politiques qui apparaissent comme irréconciliables, conformément à certaines prédictions autoréalisatrices. Dans ce climat très dégradé, j'essaie une fois encore d'appeler au rassemblement, à la sagesse, à la lucidité face à la gravité du moment politique que nous devons affronter ensemble. Mais dans cette assemblée aigre et morose, je ne perçois plus désormais que du ressentiment, des calculs et des arrière-pensées. Tout cela finalement vient de loin et s'est trouvé conforté, au fil du temps, par l'amertume des uns et les espoirs déçus des autres. Ce qui demeure encore d'unité ne tient plus maintenant que par les fils ténus, qui unissent entre elles des petites haines recuites.

De retour à Matignon, j'apprends vers 21 heures que Bruno Le Roux a employé ponctuellement ses deux filles, âgées de quinze et seize ans, sur des emplois à durée déterminée, pendant la période estivale. Ces éléments ont été rendus publics par l'émission « Quotidien » de Yann Barthès. Après avoir contacté le ministre de l'Intérieur, auquel je demande des explications, nous convenons avec le président de la République que je le recevrai dès le lendemain matin et que, si une décision doit être prise concernant son départ du gouvernement, elle le sera rapidement, pour ne laisser aucune prise à des polémiques malsaines. Comme cela m'est rarement arrivé dans ma vie politique, je risque d'avoir à prendre une décision humainement douloureuse, concernant une personnalité pour laquelle j'ai de l'estime. Mais je sais que je n'aurai pas le choix.

Mardi 21 mars

Inauguration ce matin, avec Pierre Joxe, des nouveaux locaux de l'Institut national des hautes études de la sécurité et de la justice, situés dans l'enceinte de l'École militaire.

Cet événement m'offre l'opportunité de dresser le bilan du quinquennat sur les questions de sécurité intérieure. La lecture de la presse, ce matin, comme les éditoriaux à la radio, témoignent de la volonté des journalistes de profiter de l'occasion pour passer Bruno Le Roux à la question, sur l'affaire des emplois saisonniers dont ses enfants auraient bénéficié. C'est la raison pour laquelle nous avons pris ensemble la décision qu'il ne m'accompagnerait pas. Mon cabinet a par ailleurs fait savoir à l'AFP que je recevrai le ministre de l'Intérieur dans la matinée, pour recueillir ses explications. Comme nous nous sommes depuis accordés avec François Hollande pour que tout se passe à l'Élysée, en sa présence, en début d'après-midi, il y a là une raison supplémentaire de se tenir à une saine distance des pressions de la presse.

Devant un auditoire où se trouve rassemblé tout ce que le monde de la sécurité compte d'éminents spécialistes, j'évoque donc le bilan de l'action conduite pendant cinq ans. J'en profite également pour livrer quelques réflexions plus politiques :

« Lorsqu'on est attaché à l'autorité de l'État, on ne laisse pas à penser que les magistrats, lorsqu'ils interviennent, le font à partir d'autres considérations que celles du respect du droit. Lorsqu'on est attaché à l'autorité de l'État, on ne doute pas de l'indépendance de la justice. Car lorsqu'on est attaché à l'autorité de l'État, on est impeccable face aux institutions et aux règles qui les régissent. » Au moment où je prononce ces phrases, je pense surtout à Marine Le Pen qui refuse de déférer à la convocation des juges, je pense aussi à certains, qui à droite dénoncent un complot politico-judiciaire à l'encontre de leur candidat. Mais les journalistes ont reçu le mandat de revenir dans leur rédaction avec des éléments sur ce qu'ils commencent à appeler l'« affaire Le Roux ». Faute de déclarations de ma part sur ce sujet, ils s'emparent donc de cette déclaration pour l'interpréter comme une prise de distance avec le ministre de l'Intérieur.

En début d'après-midi, nous recevons Bruno Le Roux avec François Hollande. Chacun connaît les relations qui les unissent l'un à l'autre depuis longtemps et la tristesse du président de devoir affronter son départ. Mais il y a dans le pays un climat que les populismes nourrissent et qui nous contraint à la plus grande rigueur. Nous ne pouvons pas, au moment où la campagne présidentielle est minée par les affaires, au point que la démocratie donne des signes d'affaissement, ne pas agir ensemble en essayant tout simplement d'être dignes. Nous convenons donc que le ministre s'exprimera de son département de Seine-Saint-Denis pour annoncer sa démission du gouvernement, dictée par sa volonté de fournir à la justice, qui a ouvert une information judiciaire, toutes les précisions utiles à l'établissement de la vérité. Dans la foulée, un communiqué sera publié par l'Élysée, qui annoncera la nomination de son successeur, Matthias Fekl.

En voyant Bruno Le Roux quitter le bureau du président de la République, digne et triste, en observant François Hollande regarder à travers la fenêtre de son bureau le parc de l'Élysée, morne sous la grisaille, je ne peux m'empêcher de penser qu'il y a nécessairement dans l'exercice de l'État une dimension sacrificielle qui oblige, lorsque les circonstances l'imposent, à prendre des décisions qui blessent et qui font saigner.

Mercredi 22 mars

À Londres, devant le Parlement de Westminster, c'est-à-dire à proximité d'un lieu hautement symbolique de la démocratie et des libertés, un acte terroriste a fait au moins trois morts et blessé plus d'une vingtaine de personnes, parmi lesquelles figurent des lycéens français de Concarneau.

Cette attaque terroriste, qui intervient un an jour pour jour après celle qui a tragiquement endeuillé Bruxelles le 22 mars 2016, témoigne une fois de plus de la gravité de la menace à laquelle l'Union européenne et la France doivent faire face.

En soirée, j'adresse un message de soutien à Theresa May, qui me répond avec des mots qui disent son émotion face à la tragédie qui vient de se produire et évoquent les liens indéfectibles qui unissent entre eux les anciens ministres de l'Intérieur.

Jeudi 23 mars

En début de matinée, à Matignon, les ministres chargés de la lutte antiterroriste se réunissent pour faire le point sur l'état de la menace, au lendemain de l'attentat de Londres. C'est également l'occasion de finaliser le dispositif de prise en charge des enfants de retour de la zone irako-syrienne, conformément aux engagements pris quelques semaines auparavant devant la représentation nationale et les Français.

Chaque situation connue sera désormais judiciarisée, après avoir été évaluée par le parquet compétent, auquel il appartiendra de décider de poursuites pénales et de la saisine du juge des enfants, en vue de l'instauration de mesures spécifiques. Dans ce cadre, les conseils départementaux, chefs de file pour la protection des mineurs, auront à articuler leur intervention avec celle des magistrats et des fonctionnaires de l'État, sous la coordination des préfets. Un suivi médico-psychologique adapté sera enfin mis en place, qui impliquera un effort sans précédent de formation et de sensibilisation des professionnels concernés.

Alors que la menace terroriste mobilise la plupart des membres du gouvernement, la Guyane est paralysée par un mouvement social de grande ampleur qui a conduit Arianespace à ajourner le lancement de ses fusées. Les élus guyanais, au premier rang desquels Rodolphe Alexandre, le nouveau président de la collectivité territoriale de Guyane, demandent un « vaste plan Marshall » pour leur territoire et exigent l'envoi de ministres sur place. Dans leur communication ambiguë, ils ne rendent pas compte des engagements récemment pris par le gouvernement en vue de la signature du Pacte d'Avenir pour la Guyane, constamment différée du seul fait de leurs atermoiements. Au niveau de mon cabinet, une cellule interministérielle travaille sans trêve ni pause à une sortie de crise. Mais le climat d'irrationalité qui préside aux premiers échanges avec les acteurs locaux laisse présager des discussions très difficiles.

L'actualité ne me laissant aucun répit pour m'occuper d'autre chose que des affaires de l'État, je découvre tard dans la soirée que François Fillon a accusé le président de la République d'organiser des fuites dans la presse au sujet des affaires qui plombent sa campagne. Le candidat à l'élection présidentielle est allé jusqu'à évoquer un « cabinet noir » directement dirigé par François Hollande et qui orchestrerait, depuis l'Élysée, des calomnies destinées à le déstabiliser. La charge est grossière, sans nuances, et cherche sa légitimité dans la publication d'un livre, *Bienvenue Place Beauvau. Police : les secrets inavouables d'un quinquennat*, écrit par des journalistes du *Canard enchaîné* et du *Point*.

Cet ouvrage, que par la force des choses je n'ai pas encore lu et qui semble traiter du fonctionnement du ministère de l'Intérieur, notamment à l'époque où je me trouvais à sa tête, n'a fait l'objet d'aucune démarche de la part de ses rédacteurs destinée à me soumettre à la question sur les pratiques qu'ils dénoncent. Aucun des hauts fonctionnaires du ministère ne m'a jamais fait part d'un contact avec ces journalistes, ni mon cabinet d'ailleurs, qui semble découvrir comme moi l'existence de ce livre. Pour ma part, il n'est guère besoin que j'aille au-delà pour me convaincre de la médiocrité de cette publication et regretter la triste utilisation qui en est faite. Que des journalistes puissent, à travers un titre qui fait vendre, abîmer à ce point la République et ceux qui lui consacrent leurs vies, en présentant comme l'aboutissement d'une enquête sérieuse ce qui en réalité ne semble relever que d'une juxtaposition de supputations et de raccourcis sans fondement, en dit long sur leur déontologie. Qu'un ancien Premier ministre, qui se dit victime de ces mêmes journalistes, puisse aller puiser à leur source pour alimenter la théorie du complot en dit davantage encore sur la transgression par certains politiques de tous les codes.

Vendredi 24 mars

Dans une interview à *Ouest France*, Jean-Yves Le Drian annonce ce matin son ralliement à Emmanuel Macron, tout en affirmant qu'il demeure socialiste. Il y a quelques jours, le ministre de la Défense est venu me faire part de sa décision et m'a confirmé son attachement à sa famille politique et à la Bretagne, qui, selon ses dires, constitue la seule perspective politique à laquelle il aspire, par-delà l'élection présidentielle. En dépit de ce que j'ai pu lire ici ou là dans la presse, je n'ai pas cherché à le dissuader de ce choix, ni ne l'ai encouragé d'ailleurs, considérant qu'il appartient à chaque ministre, à ce niveau de responsabilité, d'agir en conscience selon ce qu'il croit bon pour le pays. L'entretien qu'il a accordé à la presse est en tout point conforme à ce que nous nous sommes dit, dans le secret de mon bureau. Après avoir loué les qualités du candidat Macron, son pragmatisme et son sens du rassemblement, Jean-Yves Le Drian, interrogé sur l'éventualité de demeurer à son poste en cas de victoire de son poulain, a répondu : « Mon horizon, c'est la Bretagne. » Il a cependant indiqué qu'il était toujours prêt à

« apporter son expertise sur les questions géopolitiques », ce qui peut aisément se concevoir à partir de Rennes ou de Lorient.

En lisant la dépêche qui rend compte de la réaction du président de la République aux accusations de François Fillon sur l'existence d'un cabinet noir à l'Élysée, je comprends que sa colère, que j'ai entendu s'exprimer hier soir au téléphone, ne s'est pas dissipée dans la nuit. Pour la première fois depuis que nous travaillons ensemble, je l'ai senti blessé, non par le livre ni par le tumulte qu'il a commencé à susciter à droite, mais par ce que cela révèle du niveau du débat politique dans notre pays.

Alors que nous évoquons les tensions qui demeurent en Guyane, je décide d'y envoyer une mission de haut niveau, dirigée par le préfet Jean-François Cordet.

Samedi 25 mars

En marge du Salon du Livre, j'ai appelé au calme et à l'apaisement en Guyane, pour que le dialogue puisse s'engager rapidement. Mais les trente-sept syndicats réunis au sein de l'Union des travailleurs guyanais ont appelé à la grève générale à partir de lundi. Il importe donc que la mission interministérielle de haut niveau engage rapidement le dialogue.

Dans l'après-midi, nous sommes avec François Hollande, Benoît Hamon, Claude Bartolone et de nombreux membres du gouvernement et du Parti socialiste aux obsèques d'Henri Emmanuelli, à Mont-de-Marsan, dans les Landes. Dans une salle immense, des milliers de militants, de fidèles, d'amis se sont rassemblés autour du cercueil de ce grognard au grand cœur. Une très belle photographie en noir et blanc a été posée sur la tribune, qui présente à la foule rassemblée un sourire espiègle, un regard ombrageux, des sourcils broussailleux. Henri Emmanuelli regarde la salle et dans l'émotion qui se dégage, qui plonge sa grande famille dans la nostalgie, il y a un peu de cette immense tendresse dont il était capable à l'égard de ceux qu'il aimait. Comme pour le prolonger parmi nous, il y a au premier rang son fils Antoine, qui protège de sa haute stature la famille tout entière, digne dans son chagrin. On retrouve dans son sourire, dans son regard, dans sa voix grave et posée, beaucoup des traits de son père. François Hollande aimait beaucoup Henri Emmanuelli qui le lui rendait bien. Dans son discours, le président évoque « l'ami indomptable à la fidélité inaltérable » : « Il croyait à la force des idées, celles qui donnent un sens au monde et le pouvoir de les changer. Il pensait que le but de toute vie politique, ce n'était pas d'être quelqu'un, mais de servir à quelque chose. Henri Emmanuelli était fier d'appartenir au parti de Jaurès, de Blum et de Mitterrand. Il se réfugiait dans les Landes quand les humeurs de Paris l'indisposaient, c'est-à-dire souvent... »

Lorsque nous quittons la salle, où résonne l'« *Agur Jaunak* », joué par l'orchestre des meilleurs musiciens landais, Claude Bartolone me dit : « C'est la dernière fois que nous nous retrouvons ainsi. Ce rassemblement est le symbole d'une page qui se tourne... »

Dimanche 26 mars

La situation en Guyane me mobilise toute la journée à l'Hôtel Matignon.

En fin de matinée, je cherche à joindre le président de la collectivité territoriale de Guyane, Rodolphe Alexandre. Il m'est indiqué qu'il se repose, mais qu'il me rappellera sans tarder, ce qu'il ne manque pas de faire, une heure trente plus tard. Je le sens préoccupé par les tensions qui montent. Il exprime son souhait de voir les ministres arriver rapidement. Je profite alors de cette requête pour lui faire part de ma décision d'envoyer la ministre des Outre-Mer et le ministre de l'Intérieur sur place. Cela suppose toutefois que le dialogue avec les hauts fonctionnaires ait été préalablement engagé et que les « 500 frères » modifient leur comportement ou soient tenus à distance par les élus. Car la République ne saurait discuter avec des individus cagoulés. Bien que j'aie clairement demandé à Rodolphe Alexandre de garder cette annonce pour lui, certains médias diffusent quelques heures plus tard un entretien par lequel il rend compte de notre conversation et annonce lui-même l'arrivée des ministres. Dans la sincérité de notre échange, j'avais pensé que la gravité du contexte ne le conduirait pas à laisser croire qu'il avait obtenu de haute lutte ce que j'avais décidé moi-même sans qu'il ait à le demander. Car toute personne responsable peut très vite sentir si la surenchère est dans les esprits et ne demande qu'à être encouragée par la démagogie de certains propos ou comportements prévisibles.

Parmi les candidats à l'élection présidentielle, il était logique que chacun y aille aussi de sa phrase, pour tendre davantage le climat ou tenter d'en tirer électoralement profit. François Fillon, dont le gouvernement a dû affronter en 2009 plus de quarante jours de crise outre-mer, qui se sont soldés par le départ de son ministre, Yves Jego, évoque « l'échec de la politique de François Hollande », alors que le mouvement social commence à peine et qu'il n'a fait l'objet d'aucun heurt. Son fidèle soutien François Baroin considère comme normal que les Guyanais ne rencontrent pas la mission de haut niveau. Marine Le Pen parle d'un service minimum du gouvernement et Jean-Luc Mélenchon adresse un immense salut de solidarité à la population. Seul Emmanuel Macron appelle à revenir à la raison et au calme. J'y vois le signe qu'il pense peut-être gouverner et que, dans cette perspective, il préfère la prudence et le sens de l'État aux excès des propos de campagne.

Mardi 28 mars

Ce matin, un accord est intervenu entre les partenaires sociaux concernant le financement de l'assurance chômage. C'est, pour le gouvernement, pour la ministre du Travail Myriam El Khomri, pour la démocratie sociale, une excellente nouvelle. Cet accord est une très belle réussite. D'abord parce qu'il permet de sécuriser la situation de milliers de demandeurs d'emploi avec une convention qui permettra de réduire le déficit de l'assurance chômage. Ensuite parce que l'esprit de responsabilité et l'intelligence collective l'ont emporté et que les partenaires sociaux ont su franchir beaucoup de leurs désaccords pour trouver un compromis réaliste et ambitieux. Nous avons suivi de près toutes les discussions et si plus tard tel ou tel veut réformer l'assurance chômage au moins ne pourra-t-il pas dire que c'est parce que le paritarisme est par essence incapable de construire des solutions…

La « journée morte » organisée par les manifestants guyanais est un succès. Alors que le niveau de la mobilisation est élevé et qu'aucun heurt ne s'est produit, la rue cherche à s'ériger en interlocuteur unique du gouvernement et les élus semblent avoir disparu. La mission de haut niveau a pu engager des discussions officieuses avec une grande partie des responsables économiques, sans toutefois que ceux-ci acceptent de l'assumer au grand jour. Avec le président de la République et les ministres concernés, nous redoutons le pourrissement du conflit et souhaitons que la crise se dénoue rapidement. J'annonce donc dans la soirée le départ pour Cayenne de la ministre des Outre-Mer et du ministre de l'Intérieur, avec pour mandat de désamorcer le conflit par le dialogue et par des mesures concrètes dans le domaine de la santé, de l'éducation et de la sécurité notamment.

Mercredi 29 mars

Aujourd'hui, Manuel Valls appelle à voter, dès le premier tour, pour Emmanuel Macron. Cette annonce suscite à la fois les remerciements gênés du favori des sondages, qui redoute que si trop de socialistes appellent à voter pour lui, il ne finisse par apparaître comme un candidat socialiste, et la colère de Benoît Hamon, qui, à la peine dans les sondages, dénonce une mise à mort par trahison de ses « amis ». À mesure que le temps passe, je me résous à ne plus m'occuper que des affaires de l'État, celles de la politique ayant fini de m'attrister.

Jeudi 30 mars

Les ministres Ericka Bareigts et Matthias Fekl sont arrivés à Cayenne.

Alors que les discussions ont été ouvertes, je reçois un appel de Matthias Fekl qui m'indique qu'elles viennent d'être interrompues à la demande du collectif, qui exige qu'elles se déroulent en présence de la presse, « par souci de transparence ». « Les 500 frères », c'est-à-dire les manifestants cagoulés qui cherchent à imposer leur leadership à la rue et qui ont conduit certains élus à abdiquer de leurs responsabilités sous la pression de leurs menaces, seraient à la manœuvre.

J'appelle l'attention du ministre de l'Intérieur sur les risques auxquels le gouvernement s'exposerait en accédant à cette demande, exprimée par un mouvement sans aucun leader à sa tête et dont la tentation pourrait être d'organiser la prise en otages des ministres, sous l'œil des caméras. De telles images relayées en direct par les médias ne manqueraient pas de porter gravement atteinte à l'autorité de l'État. Dans le climat très dégradé de la campagne présidentielle, où l'irresponsabilité s'érige comme la chose la mieux partagée, ceux qui ont souhaité voir les ministres se rendre sur place – jusqu'à leur reprocher parfois de ne pas avoir répondu assez vite aux injonctions des manifestants – seraient sans doute les premiers à les critiquer de s'être placés ainsi à leur merci. Le ministre me fait part d'un climat tendu, qui peut d'autant plus vite dégénérer que certains élus, à l'instar du député Gabriel Serville, relaient les demandes de la rue, espérant sans doute se concilier ses faveurs dans la perspective des prochaines élections législatives. Seule la maire de Cayenne, Marie-Laure Phinéra Horth, s'emploie à ne pas souffler sur les braises, en cherchant les voies du dialogue.

Après de multiples échanges, les ministres m'indiquent avoir trouvé un accord pour que les déclarations liminaires, qui doivent ouvrir les négociations, soient filmées, et que la suite se déroule à huis clos. Mais l'atmosphère demeure lourde, l'incompréhension est profonde et les reproches formulés par le collectif « Pou la Gwiyann dékolé » révèlent un sentiment d'abandon qui vient de loin et auquel se mêlent des revendications plus politiques, qui font ressurgir certaines aspirations indépendantistes. Alors qu'elle est prise à partie pour ne pas avoir pris la mesure des événements qui se déroulent à Cayenne et ne pas avoir quitté assez vite l'île de la Réunion, où elle se trouvait, pour rejoindre la Guyane, Ericka Bareigts présente des excuses, au balcon de la préfecture, devant une foule qui l'acclame. Ces images sont immédiatement diffusées sur les chaînes d'information. Elles sont bien entendu diversement commentées et suscitent quelques polémiques. Pour ma part, je sais à quel point la ministre est courageuse et sincère. Son geste est celui d'une femme qui a une haute idée de la République. Dans la passion d'une discussion difficile, où des choses qui n'avaient pas été dites depuis longtemps se sont enfin exprimées, elle s'est montrée humaine. Dans les circonstances présentes, en la voyant s'acquitter si loyalement de sa mission, en prenant son risque, j'éprouve pour elle de la considération. Je suis déterminé à la soutenir face à ceux qui chercheront à l'atteindre.

Pendant que les ministres sont au cœur du chaudron guyanais, les candidats commentent. François Fillon dit comprendre le « ras-le-bol » des Outre-Mer. Pour bien marquer son engagement à leurs côtés, il promet des moyens accrus pour lutter contre l'insécurité et contre l'immigration clandestine. Il s'engage à combattre le chômage, en aidant davantage les entreprises. Lorsque je me suis rendu en Guyane au mois d'octobre 2016, j'ai mesuré les effets sur l'évolution de l'insécurité aux Antilles et en Guyane de la suppression de 13 000 emplois dans les forces de sécurité lorsqu'il était Premier ministre. J'ai vu les conséquences de la Révision générale des politiques publiques sur les services préfectoraux, chargés de la lutte contre l'immigration irrégulière. Et par les moyens supplémentaires affectés alors dans les Outre-Mer, à la police et à la gendarmerie notamment, le gouvernement a souhaité mettre un terme à cette politique funeste.

Vendredi 31 mars

Hier soir, alors que mon esprit était tout entier occupé à résoudre les difficultés de la Guyane, j'ai participé à la réouverture de la bibliothèque de l'Institut du monde arabe, en présence du cheikh Abdullah Al-Mubarak Al-Sabah, ministre koweïtien de l'Information. Son nom a été intégralement et à plusieurs reprises prononcé par Jack Lang, au moment de son discours, comme pour exprimer sa profonde gratitude à l'égard du généreux donateur de l'Institut. Pour marquer également sa filiation avec François Mitterrand, le président de l'IMA n'a pas manqué d'évoquer la guerre du Golfe, les liens particuliers qui se sont noués entre nos deux pays à l'époque. Il a parlé du « Koveit », comme pour rester fidèle jusque dans les moindres détails à la personne de son mentor politique, dont il n'a visiblement rien oublié des tics de prononciation. Pendant que je m'exprime à mon tour, dans une salle où la température avoisine – peut-être en hommage au mécène – les cinquante degrés, j'entends Jack Lang derrière moi morigéner l'intendant des lieux : « Mettez de la climatisation, bon sang de bois » ou encore : « C'est infernal cette chaleur, qui veut-on occire ici ? »

Il m'aura fallu toute la placidité dont j'étais capable pour aller jusqu'au bout de mon propos en maîtrisant le fou rire qui me menaçait. En quittant les lieux, Jack Lang me remercie pour mon discours, qu'il a trouvé « formidable ».

Samedi 1er avril

En Guyane, les négociations ont pu se poursuivre dans un climat plutôt apaisé, mais sans le concours des élus, qui sont demeurés aux abonnés absents. Le cahier des revendications rédigé par une cinquantaine de personnes issues des associations, et qui comprend plus de 400 pages, a été remis aux ministres. La volonté du gouvernement est d'aboutir le plus rapidement possible à un accord autour d'un plan d'urgence pour la Guyane, qui permette de procéder à un rattrapage sur les questions de l'électricité, du logement, du foncier, de la santé et de l'éducation. Dès à présent, j'ai donné mon aval à la création d'un tribunal de grande instance et d'un centre pénitentiaire à Saint-Laurent du Maroni. J'ai également acté la fidélisation d'un escadron de gendarmes mobiles à Cayenne et, sur proposition de Marisol Touraine, 20 millions d'euros ont été débloqués pour l'hôpital de la ville-préfecture. Le président de la République, qui se tient informé en continu de l'évolution des discussions, a validé les engagements de l'État pour les prochaines années, à une hauteur un peu supérieure à 1 milliard d'euros.

Tard dans la soirée, avec l'ensemble des collaborateurs mobilisés autour de mon directeur de cabinet, nous entrevoyons enfin la sortie de la crise. Et si je n'ose encore les remercier tous pour le travail accompli, par superstition davantage que par volonté de les maintenir sous pression jusqu'à la fin, je manifeste par une certaine décontraction mon optimisme et ma confiance.

En métropole, en guise de poisson d'avril, Philippe Poutou annonce dans un tweet le retrait de sa candidature au profit de celle d'Emmanuel Macron et prend le temps d'exposer les raisons de son choix. Je dois à la vérité d'avouer que, pour la première fois depuis que je suis en politique, un gauchiste a réussi à me faire esquisser un sourire.

Dimanche 2 avril

Alors qu'une issue favorable semblait se dessiner en Guyane, les représentants du collectif « Pou la Gwiyann dékolé » se sont raidis. Ils réclament désormais 2,5 milliards d'euros – sans qu'il soit vraiment possible de savoir à quoi cette enveloppe correspond – ainsi qu'un « statut particulier » pour le territoire. Cette revendication institutionnelle, qui n'avait que très peu affleuré jusqu'alors, donne le sentiment que la mouvance indépendantiste cherche à profiter du mouvement social pour tenter de pousser son avantage. Nous sommes allés au bout de ce que nous pouvions faire de façon responsable. L'instruction est donc donnée aux ministres de manifester leur fermeté et de regagner Paris sans tarder, en essayant toutefois de signer tous les accords sectoriels possibles, de manière à faire apparaître les extrémistes pour ce qu'ils sont.

Lundi 3 avril

C'est désormais la Russie qui est frappée par le terrorisme. En début d'après-midi, aux alentours de 14 h 30, une dizaine de personnes ont été tuées et quarante autres blessées dans un attentat à l'explosif survenu dans une rame de métro de Saint-Pétersbourg.

Parmi les réactions françaises à cette tragédie, celle de Marine Le Pen a contrasté par son cynisme. Alors que chaque attentat en France ou en Europe fait l'objet de sa part de toutes les mises en cause, sa communication a pour une fois le bon goût de ne pas réserver ce traitement outrancier au chef autoritaire du Kremlin. Elle semble même imputer la tragédie au déficit de coopération entre les pays ciblés par le terrorisme islamiste. Elle qui s'oppose aux accords de Schengen, qui constituent pourtant à travers le système d'information partagé qu'ils ont instauré le meilleur instrument de la coopération contre le terrorisme en Europe, regrette désormais le manque de collaboration entre les États pour faire face au péril de la violence islamiste.

Mardi 4 avril

Dès potron-minet, Marine Le Pen a dénoncé sur les ondes un « état d'urgence de pacotille ». Elle a pris prétexte de l'attentat de Saint-Pétersbourg pour imputer au gouvernement français, c'est-à-dire à celui de son pays, la responsabilité de tous les maux. Sans doute a-t-elle voulu ainsi témoigner de la profondeur de ses sentiments patriotiques. Car souvent, face aux plus grands périls, l'extrême droite française s'engage dans le dénigrement de son pays et se montre étonnamment complaisante à l'égard de régimes dont il serait opportun de se méfier : elle a de nouveau évoqué la maîtrise des frontières, en omettant de dire que les contrôles à leurs postes étaient rétablis depuis novembre 2015 et que des effectifs importants de la police, de la gendarmerie et des douanes y étaient affectés. Elle a demandé la fermeture de toutes les mosquées radicales, ce qui correspond à la politique que mène le gouvernement, mais dans le respect rigoureux des principes fondamentaux de notre droit, car la lutte contre le terrorisme ne peut en aucun cas être efficace si elle se déploie dans l'arbitraire. Hier soir, j'ai senti que le cynisme était à l'œuvre. Ce matin, j'ai eu la confirmation qu'il était la seconde nature de la firme familiale des Le Pen.

En Guyane, les tensions demeurent fortes et le mouvement se radicalise. J'ai fermé la porte à toute augmentation de l'enveloppe budgétaire d'un milliard d'euros que le gouvernement a décidé de consacrer aux projets de ce territoire ultramarin. Nous ne pouvons en effet promettre ce que nous savons ne pas pouvoir tenir. Par ailleurs, le plan de convergence avec la France hexagonale, prévu par la loi relative à l'égalité réelle outre-mer, doit permettre, sans perdre de temps, de financer à terme des projets dont la faisabilité appelle quelques expertises supplémentaires. Pour répondre à cette fermeté, une grande manifestation organisée à Kourou s'est terminée par l'occupation du centre spatial. Parmi les participants figurent les principaux élus du territoire. Des instructions sont données pour interdire toute intervention policière, dès lors qu'aucune exaction n'a lieu dans les locaux occupés. Nous avons désormais la conviction que le mouvement devrait se fissurer et s'étioler assez vite.

Dans l'après-midi, à Matignon, se tient une réunion d'arbitrage sur l'avenir des chantiers navals de Saint-Nazaire. Sur ce dossier, de multiples séances de travail se sont déjà tenues avec le président, Michel Sapin, Jean-Yves Le Drian et Christophe Sirugue. L'entreprise STX-France est saine. La compétence de celles et ceux qui y travaillent est mondialement reconnue. Les paquebots géants qui sortent de ses hangars sont uniques en Europe. Son carnet de commandes lui garantit dix ans de plan de charge, sans pour autant lui permettre de dégager des marges suffisamment importantes. Anciennement filiale d'Alstom, la société est passée, à partir de 2007, sous le contrôle d'actionnaires étrangers, norvégiens puis coréens, l'État ne conservant qu'une minorité de blocage. Or la maison mère coréenne fait l'objet, depuis mi-2016, d'une procédure de redressement judiciaire, dans le cadre de laquelle la justice coréenne cède les actifs du groupe.

Le 27 décembre 2016, l'industriel italien Fincantieri est demeuré seul en lice pour la reprise de STX-France, avec une exclusivité de discussion, sans limitation dans le temps. L'État français, qui n'est pas partie à cette procédure, dispose d'un droit de préemption – élargi par nous en 2014 – pour se substituer à un autre acquéreur. L'exercice de ce droit suppose préalablement que soit formalisé un accord de cession, qui n'interviendra pas avant mai.

Il apparaît donc que le règlement définitif du dossier appartiendra, en raison de ce calendrier, à nos successeurs. Pour autant, des discussions ont été engagées avec Fincantieri, dont le retrait du dossier aurait, à ce stade, l'effet de relancer la procédure coréenne et d'accroître l'inquiétude des salariés. Conduites par Michel Sapin et Christophe Sirugue, en relation étroite avec les principaux élus locaux et les organisations syndicales, elles se sont poursuivies jusqu'au début du mois d'avril, ce qui a permis d'obtenir de nombreuses garanties : la préservation intégrale de nos intérêts en matière de défense, notamment en sanctuarisant l'accès de DCNS – Naval Group à la cale « grandes coques », en vue de la construction des plus grands bâtiments militaires ; des droits de veto pour une durée longue sur les décisions stratégiques, notamment en matière de recherche-développement, de localisation des activités ou de protection de la propriété intellectuelle.

Par ailleurs, Fincantieri s'est engagé à investir pour assurer la poursuite du développement de l'entreprise. La question de la structure du capital s'est révélée très sensible pour les autorités italiennes, qui se sont inquiétées que la France refuse à une de leurs entreprises une participation majoritaire, alors qu'elle l'avait consentie antérieurement à un groupe coréen. Fincantieri s'est engagé malgré tout à rester minoritaire au capital de STX pendant au moins huit ans tandis que la France acceptait qu'un investisseur italien de long terme et indépendant complète le tour de table.

Jean-Marc Ayrault, Jean-Yves Le Drian, Michel Sapin ont validé le principe de cet accord, qui préserve les intérêts stratégiques de l'entreprise et du pays et laisse toute marge de manœuvre à nos successeurs, y compris pour faire prévaloir d'autres choix.

Alors que cette réunion s'achève, les premières informations nous parviennent de Syrie au sujet de l'attaque aérienne à l'arme chimique, perpétrée ce matin vers 7 heures à Khan Cheikhoun, au nord-ouest du pays. On évoque une cinquantaine de victimes tuées, parmi lesquelles figurent des enfants. Comme à la Ghouta, le 21 août 2013, Bachar el-Assad s'en est pris à des civils en utilisant des moyens bannis par la communauté internationale. Une fois encore, il niera sa responsabilité dans ce massacre et tentera de s'appuyer sur la complicité de ses alliés pour échapper à la justice pénale internationale. Chaque personne complaisante à l'égard de ce régime qui assassine son peuple aura peut-être trouvé, dans la tragédie d'aujourd'hui, une nouvelle raison d'introspection politique et morale.

Mercredi 5 avril

Les États-Unis, la France et le Royaume-Uni ont décidé de présenter ensemble au Conseil de Sécurité un projet de résolution condamnant l'attaque chimique perpétrée en Syrie. Le texte défendu par les trois pays exige également une enquête complète et rapide, qui devrait être confiée à l'Organisation pour l'interdiction des armes chimiques. Les contacts diplomatiques s'intensifient pour convaincre la Russie et la Chine de ne pas reproduire le veto qu'elles avaient opposé, au mois de février, à une résolution qui prévoyait d'imposer des sanctions à Damas, déjà mise en cause pour avoir déclenché des attaques à l'arme chimique sur des villages syriens en 2014 et en 2015.

Jeudi 6 avril

Pour mon dernier déplacement à l'étranger, je me rends en Algérie et en Tunisie. Ces voyages n'ont pas le formalisme des déplacements habituels, où tout s'enchaîne sans pause et le plus souvent sans émotion.

Mon père est né à Tunis et ma mère à Tlemcen. Ils ont vécu ensemble une jeunesse heureuse à Oran, jusqu'à l'indépendance de l'Algérie, en 1962. De gauche, l'un comme l'autre, mais issus de familles qui ne l'étaient pas, ils nous ont éduqués dans la nostalgie d'un pays où beaucoup de leurs meilleurs souvenirs avaient été engloutis, mais aussi dans la conviction que la décolonisation était inéluctable, qu'elle s'inscrivait dans le sens de l'histoire. Alors que la mélancolie avait très vite submergé les plus âgés des rapatriés, qu'elle avait aussi fait naître au sein de leurs familles des formes d'aliénation, pesantes comme des névroses, je n'avais jamais voulu me rendre en Algérie, pour ne pas me laisser moi-même emporter par un récit que j'estimais ne pas être le mien.

Je suis né loin d'Afrique du Nord, un jour de juin 1963, à Senlis, dans l'Oise. Rien dans ma vie, ni dans mes fonctions, ne m'a spontanément conduit vers le pays de mes ancêtres, jusqu'à ce jour de décembre 2014 où, à l'âge de cinquante et un ans, je me suis rendu pour la première fois à Alger, puis à Oran, poussé vers ces « paradis perdus » par l'agenda de mes engagements gouvernementaux. Mais, par-delà le programme officiel, ce qui m'aura le plus marqué au cours de ce déplacement, c'est l'incroyable émotion qui s'est emparée de moi, nouant ma gorge et envahissant mon cœur d'un tumulte soudain, lorsque j'aperçus à travers le hublot de l'avion la ville d'Oran, s'étirant nonchalamment le long de sa baie. Surplombée par Notre-Dame de Santa Cruz, et baignée d'une lumière dont la douceur suffisait à elle seule à faire ressurgir toute la nostalgie qui s'était déversée sur mon enfance, je voyais pour la première fois une ville dont je découvrais, à ma grande surprise, qu'elle m'était finalement familière. Je comprenais qu'il n'était pas nécessaire d'être né des entrailles d'une terre, ni de l'avoir vue saigner, pour partager avec elle une part de son histoire. J'avais pensé pouvoir échapper à la mélancolie de mes ancêtres, par immaturité, comme un adolescent qui cherche la rupture, mais en quelques minutes, à mon insu, elle m'avait rattrapé.

Mon homologue algérien, le Premier ministre Abdelmalek Sellal, a compris dès notre première rencontre la complexité de ma relation avec son pays. Préparant méticuleusement mes déplacements, me parlant toujours en confiance des questions les plus sensibles, notamment celles relatives au Mali ou à la lutte antiterroriste, il a su aussi, par des gestes inattendus, m'offrir quelques moments inédits. Comme celui où, en 2014, il m'ouvrit les fenêtres de son bureau avant que notre entretien ne débute, en m'invitant à me placer sur le balcon, à l'endroit même où le général de Gaulle avait lancé son célèbre « Je vous ai compris », sans doute parce qu'il savait que ces moments de notre histoire commune revêtaient pour moi une densité particulière. Hier, au bas de la passerelle de l'avion où il m'attendait, je l'ai retrouvé tel qu'en lui-même, amical, goguenard, un rien distant et provocateur. Apercevant derrière moi le député des Bouches-du-Rhône Patrick Mennucci, il lui a dit sans ménagement, droit dans les yeux : « Alors vous, pour les élections, vous l'avez dans le baba », ce qui a plongé mon invité dans des affres auxquelles il ne s'était pas préparé et qui m'obligeront sans doute à devoir le rassurer tout au long de notre périple.

Avant de quitter Tunis avec Claude Bartolone, Michel Vauzelle et les membres de la délégation qui m'accompagnent, je rends compte à François Hollande par téléphone du déroulement de ma mission. Par-delà les discussions fructueuses sur la situation au Mali, en Libye, sur la lutte antiterroriste où nous sommes unis les uns aux autres, j'ai aussi trouvé des interlocuteurs plus ouverts que je ne le pensais aux investissements français. J'ai ainsi obtenu la confirmation publique de l'accord du gouvernement algérien en vue de l'installation prochaine d'une usine de PSA en Algérie, actée lors du voyage de mon prédécesseur en avril 2016. Et sur les questions énergétiques, les contentieux encore pendants sont en passe d'être positivement levés.

Dans la voiture qui me conduit vers l'aéroport, Abdelmalek Sellal me dit suivre tous les débats de la campagne présidentielle française. Il a son candidat, Emmanuel Macron, dont il me dit être assuré de la victoire. Je l'interroge alors sur le fait de savoir si c'est en raison de cette élection, qu'il croit inéluctable, qu'il pense que « Patrick Menucci l'a dans le baba ». Il me répond : « Oui, c'est cela… » Après lui avoir fait remarquer en riant qu'il n'était sans doute pas indispensable de lui en faire l'annonce si brutalement, nous nous quittons en nous promettant de nous revoir sans tarder. J'ai pour cet homme qui aime l'État et la France une sympathie qui vient de loin, sans doute de ces années où je n'existais pas encore et où mes grands-parents, au moment de Pâques, montaient à la cathédrale de Santa Cruz pour y prier.

Vendredi 7 avril

À Tunis, Serge Moati est dans son écosystème. Lorsque je le rencontre à Paris, il me parle presque toujours de la plage de la Marsa, qui prolonge sa maison jusqu'à la mer. Hier soir, il a ouvert les portes de ce lieu magique à la délégation qui m'accompagne. Pour nous faire plaisir, avec le concours de ses amis tunisiens, il a fait préparer les meilleurs mets, ouvert les plus belles bouteilles. Il y a dans sa maison, ce soir, un public éclectique qui rit et qui déguste des assiettes succulentes. Et Serge, au milieu de ce monde, est aussi généreux qu'il est imposant, dans les vestes colorées de lin ou de velours côtelé qui contribuent à faire sa légende.

C'est aujourd'hui mon troisième déplacement officiel en Tunisie. Les deux précédents m'avaient conduit à me recueillir sur les lieux des attentats, au musée du Bardo et à Sousse, avec mes homologues allemand et britannique, Thomas de Maizière et Theresa May.

Plusieurs mois après ces tragédies, la confiance de la France dans les réformes économiques conduites par le gouvernement de Youssef Chahed doit être réaffirmée.

Alors que la Tunisie était confrontée aux attaques des commandos de Daech, les entreprises françaises ont décidé d'y demeurer. Elles attendent désormais du gouvernement tunisien qu'il crée les conditions de leur maintien et de leur développement, en prenant les mesures de modernisation qui s'imposent, à l'instar du nouveau Code pour l'investissement ou des mesures fiscales plus récemment adoptées. Concernant l'aide apportée par notre pays, le patronat tunisien m'a demandé ce matin d'en faire davantage. Avec 1,2 milliard d'euros sur cinq ans, Paris est déjà le premier bailleur de fonds. Nous pouvons toutefois envoyer des signaux positifs, au moment où le FMI s'apprête à effectuer une nouvelle mission destinée à évaluer les réformes en cours et à débloquer une nouvelle ligne de crédit de 2,9 milliards de dollars.

Au président Béji Caïd Essebsi, François Hollande m'a demandé de redire notre détermination à demeurer aux côtés de la Tunisie dans la lutte qu'elle mène courageusement contre le terrorisme. Espiègle et vif, il a comme toujours évoqué ses souvenirs et posé un regard d'une grande acuité sur les désordres du monde, notamment sur ceux qui secouent la Libye. Plus tard dans la journée, à l'issue de ma rencontre avec le Premier ministre libyen, Fayez el-Sarraj, à la résidence de France à Tunis, j'insiste sur la nécessité de mettre en œuvre les accords de Skhirat de 2015 préconisant la création d'un gouvernement d'union nationale, incluant toutes les forces politiques du pays. Mais tout dans les propos de mon interlocuteur laisse à penser que son pouvoir s'affaiblit de jour en jour et qu'il pâtit d'une situation rendue confuse par les ambitions et la violence de certaines factions libyennes.

Avant de quitter Tunis pour regagner Paris, j'apprends qu'un attentat au camion-bélier a fait plusieurs morts à Stockholm. Il me reste quarante-cinq jours à Matignon. Une éternité lorsqu'on sait qu'à tout moment notre pays peut être de nouveau frappé.

Samedi 8 avril

Tôt ce matin, mon téléphone crépite. Hier, aux aurores, alors que je me trouvais encore à Tunis, une dépêche a été publiée, rendant compte du souhait de certains socialistes de me voir conduire la campagne des prochaines élections législatives. Ceux qui m'interpellent sont pour l'essentiel des parlementaires, qui ressentent la difficulté du moment et qui ne savent plus vers qui se tourner pour les soutenir. Mais, face à ces sollicitations, il y a aussi l'hostilité rentrée de la cohorte des chefs putatifs, des stratèges, des présidentiables en puissance pour les échéances de 2022, ou peut-être même de 2027. Ceux-là n'entendent pas que d'autres qu'eux-mêmes puissent être utiles, de peur qu'on oublie qu'ils sont incontournables. Et puis il y a, je dois bien l'avouer, le président de la République lui-même, qui, malgré mes réticences à endosser cette ultime responsabilité, s'emploie à me convaincre en y revenant sans cesse. Il est selon lui de notre devoir de sauver les socialistes qui peuvent encore l'être. Je comprends qu'il veut parler de ces députés qui ont travaillé loyalement, en labourant leurs circonscriptions et en accomplissant dignement leur travail de législateur.

À l'occasion de notre dernier déjeuner à l'Élysée, j'ai proposé à François Hollande de marcher un peu dans le parc du palais. En déambulant, je l'ai écouté développer ses arguments pour me convaincre : les socialistes s'apprêtent à voter pour Emmanuel Macron afin d'éviter Marine Le Pen. Mais l'élection n'est pas encore jouée. Beaucoup de nos électeurs vont faire un choix de raison, qui ne correspond pas nécessairement à leurs convictions profondes. Une fois l'élection présidentielle passée, quelle que soit son issue, nous devons pouvoir les ramener à notre famille, à condition toutefois qu'un chef de campagne se dégage et incarne une direction. À chacune de mes remarques, de mes objections, de mes interrogations, la conversation rebondissait et je le voyais articuler devant moi, avec une dextérité intellectuelle, une finesse et une jubilation à peine dissimulées, des démonstrations qui ne poursuivaient qu'un seul but : celui de me pousser à y aller, coûte que coûte.

Lui comme moi voulions que notre famille continue, au-delà de mai prochain, car nous étions reliés à elle par les fils d'une histoire dont nous ne parvenions pas à nous convaincre de la fin. Dans les clivages dont on nous annonçait la disparition, dans la modernité qu'on brandissait comme un étendard, dans le renouveau revendiqué avec talent, nous percevions surtout cette séduction vieille comme le monde, qui peut permettre de gagner une élection mais qui ne suffit pas nécessairement à gouverner un pays dans la tempête.

Tout en résistant avec vigueur, je savais que je n'avais pas le choix et qu'il me faudrait m'engager, non pas parce que le président de la République l'exigeait, mais parce qu'il m'était insupportable d'abandonner mes amis en leur refusant mon concours alors que tout était difficile pour eux.

Dimanche 9 avril

Marine Le Pen déclare à l'émission « Le Grand Jury » que la France n'est pas responsable de la rafle du Vel d'Hiv. Emmanuel Macron, à juste titre, s'en indigne et parle de faute grave.

À l'émission « Le Grand Rendez-Vous », sur Europe 1, Christian Estrosi affirme qu'un individu radicalisé, fiché S, siège au conseil d'administration de la mosquée En-Nour de Nice. La préfecture des Alpes-Maritimes a pourtant déjà démenti cette information. Mais pour l'élu niçois ce communiqué préfectoral « assez lâche » n'aurait aucune valeur, puisqu'il aurait été « dicté par M. Cazeneuve ». Et d'ajouter avec nuance : « Soit M. Cazeneuve est un jean-foutre, soit il est complice. » Sur l'attentat de Nice, il m'accuse, une nouvelle fois de cacher la vérité, d'être à l'origine d'un « mensonge d'État ».

Le 3 avril dernier, Emmanuel Macron a rendu visite à Christian Estrosi, au siège de la région PACA, à l'occasion d'un déplacement de campagne à Marseille. Sans doute le notable niçois lui a-t-il dit à quel point il se considérait comme légitime pour participer au renouveau, à la modernisation et à la moralisation de la vie politique française…

À Marseille, Jean-Luc Mélenchon offre un show sur le Vieux-Port. Il y a autour de lui une foule importante qui en dit long sur la dynamique de sa campagne. Avec un lyrisme qui rappelle l'esprit de la révolution de 1848, il met de côté les outrances du populisme pour convoquer les valeurs, avec des accents hugoliens. La presse commence à croire à sa présence au second tour de l'élection présidentielle. Lui aussi, d'ailleurs. Et en y croyant, ils entretiennent ensemble la flamme d'une campagne qui imprime.

Lundi 10 avril

Les sondages pour le premier tour voient Benoît Hamon passer sous la barre symbolique des 10 % d'intentions de vote. Jean-Luc Mélenchon talonne désormais François Fillon avec 18 %. Pour expliquer cette mauvaise tendance, le candidat socialiste évoque « le bilan d'un quinquennat qui a déçu » et « le poison permanent » des défections au sein de sa famille politique.

Ce matin, la presse publie des articles sur les élections législatives, avec des titres qui rendent compte de la pression qui s'exerce sur moi pour que je m'engage dans la campagne. Benoît Hamon est très affaibli et je ne veux pas que mon accord donné à ces sollicitations puisse lui donner le coup de grâce, en confortant le sentiment que nous n'y croyons plus. Je n'imagine pas non plus déserter, au moment où tout devient plus dur. Je serai donc loyal aux miens. Mais je souhaite le faire savoir au moment le plus opportun.

Mardi 11 avril

À Matignon, la journée a été consacrée à la prise en charge des 1 400 migrants de Grande-Synthe, traumatisés après la destruction par le feu, la nuit dernière, du camp où ils étaient pris en charge depuis de nombreux mois.

La création du site de la Linière, à l'initiative du maire de Grande-Synthe, Damien Carême, a fait l'objet d'âpres discussions avec l'État, dès 2015. Au ministère de l'Intérieur, je me suis longtemps refusé à accompagner la municipalité dans son projet, considérant que les conditions de sécurité n'étaient pas réunies, par défaut de respect des normes de lutte contre les incendies notamment, mais aussi parce que je souhaitais que les responsables municipaux et associatifs acceptent d'accompagner la politique de lutte contre les filières de passeurs, dans laquelle les services de police étaient résolument engagés. Certains journalistes avaient pris position pour le sympathique maire de Grande-Synthe, contre l'inhumain ministre de l'Intérieur. Et lorsqu'au terme de longues discussions la municipalité avait pris toutes les dispositions que nous exigions, non seulement nous avions autorisé la création du camp de la Linière, mais l'État avait accepté d'en assurer le financement dans le cadre d'une convention de partenariat plutôt exemplaire, signée sur place. Les mêmes journalistes avaient alors expliqué que le sympathique maire avait fait plier le méchant ministre de l'Intérieur, ce qui nous avait amusés l'un et l'autre, unis que nous étions dans une même volonté de bien faire.

Grâce à l'efficacité d'Emmanuelle Cosse et de Matthias Fekl, qui se sont immédiatement rendus sur place, et à la mobilisation des préfets, des places en nombre suffisant ont été ouvertes en centres d'accueil et d'orientation pour garantir la mise à l'abri des centaines de migrants qui avaient trouvé temporairement refuge dans des gymnases réquisitionnés par l'État.

Qu'aurions-nous entendu aujourd'hui si les précautions que nous avions exigées dès le départ n'avaient pas été prises en compte et qu'au terme de cet incendie des migrants avaient trouvé la mort ?

Mercredi 12 avril

À l'occasion de notre petit-déjeuner hebdomadaire, François Hollande se montre préoccupé de la percée dans les sondages de Jean-Luc Mélenchon et évoque pour la première fois le risque que pourrait représenter, en fin de campagne, la flambée de tous les populismes. Après que nous nous sommes mobilisés contre l'extrême droite, il pense que le moment est venu de dénoncer la « supercherie » que constitue le projet du candidat des Insoumis. Si je n'en suis pas à redouter la présence du candidat de l'extrême gauche au second tour de l'élection présidentielle, je n'ai aucune difficulté à concevoir qu'il faille le combattre. Pour ma part, je ne l'ai en effet jamais considéré comme un rouge épris de romantisme, mais davantage comme un pur populiste, prompt à toutes les mises en cause, y compris par le truchement de la violence.

Dès la sortie du conseil des ministres, le porte-parole du gouvernement, Stéphane Le Foll, emboîte le pas du président de la République en déclarant : « Ce ne sont pas les discours et les meetings qui comptent. Il faut aussi tout simplement regarder ce qui est proposé. Mélenchon, sur le fond, c'est quoi ? C'est 270 milliards de dépenses publiques supplémentaires avec des conséquences fiscales sérieuses. C'est la sortie de la France de l'Union européenne. »

Dans cette campagne où les socialistes disparaissent, il faut combattre, malgré tout, sur plusieurs fronts à la fois, avec la volonté d'éviter que le pire, c'est-à-dire la démagogie populiste, ne parvienne finalement à se frayer un chemin.

Dans l'après-midi, à Matignon, nous participons avec la ministre de l'Éducation nationale à une réunion sur la lutte contre le décrochage scolaire. Il y a cinq ans, le nombre de jeunes Français qui quittaient le système de formation initiale sans avoir obtenu un diplôme professionnel ou le baccalauréat était estimé à 140 000 par an. Par ailleurs, 620 000 jeunes de dix-huit à vingt-quatre ans décrochaient du système éducatif, sans diplôme du second cycle secondaire, et restaient durablement sans formation.

Le plan « Tous mobilisés pour lutter contre le décrochage scolaire » mis en œuvre en novembre 2014 a permis de ramener à 110 000 le nombre de « décrocheurs » en 2016, et l'objectif de les réduire à 80 000 en 2017 semble désormais à portée de la main.

Dans mon discours de clôture, j'en profite pour cibler les programmes des différents candidats à l'élection présidentielle : « Il y a ceux qui nous expliquent que l'école n'a pas besoin de davantage de moyens, que nous pouvons faire plus avec moins. Ils sont légitimes à le penser et à le dire, puisqu'ils ont réussi, par le passé, à faire moins avec moins. Il y a une deuxième catégorie d'acteurs, dont on ne sait pas très bien ce qu'ils veulent. Par conséquent, il serait très injuste de leur intenter un procès. Il y a une troisième catégorie de personnages ; on sait dans quelle estime ils tiennent l'école, puisque tout leur projet consiste à ostraciser, à exclure et à diviser. Et puis il y a les autres, qui estiment que tout ce que nous avons fait n'existe pas et qu'il serait temps de le faire, prenant ainsi le risque de donner le pouvoir à ceux dont l'unique projet est de tout défaire… »

La dépêche AFP qui rend compte de la rencontre à Matignon est publiée aux alentours de 19 heures. Elle a pour titre : « Éducation : Cazeneuve critique les projets des rivaux de Hamon. » De l'intérêt de ne pas être toujours honteux de ce que l'on a fait…

Jeudi 13 avril

Comme je m'y étais engagé le 16 mars dernier, à Amiens, une réunion rassemble ce matin à Matignon les représentants syndicaux de l'usine Whirlpool et de son sous-traitant Prima.

Les premiers résultats obtenus sont encourageants : une dizaine de repreneurs qualifiés se sont d'ores et déjà manifestés, qui portent des projets industriels pertinents, incluant les activités du sous-traitant. Afin de consolider ces pistes et de garantir le maintien de l'emploi industriel, un calendrier précis a été établi : il prévoit la remise des manifestations d'intérêt le 26 mai et la remise des offres fermes le 2 juin. Afin d'assurer en continu l'information des organisations syndicales, une commission de suivi sera mise en place, qui aura aussi pour rôle de veiller à la qualité des mesures d'accompagnement du Plan de sauvegarde de l'emploi et au respect par Whirlpool de toutes ses obligations.

En sortant de la réunion, Cécile Delpirou, déléguée syndicale CFE-CGC du site d'Amiens, a déclaré : « Aujourd'hui, on a des politiques qui s'intéressent au dossier, mais que va-t-il se passer dans un mois ? Un certain nombre de dispositifs ont donc été mis en place pour que cette mobilisation puisse perdurer au-delà de l'échéance électorale. » Et de poursuivre en déclinant, très honnêtement, les décisions arrêtées ensemble au cours de la réunion.

Vendredi 14 avril

À une semaine du premier tour de l'élection présidentielle, les écarts se resserrent entre François Fillon, Marine Le Pen, Emmanuel Macron et Jean-Luc Mélenchon. Dans une campagne déjà tendue, le suspens attise les tensions.

À Sochaux, où il est en déplacement, François Hollande se dit fier du sauvetage et du succès du constructeur automobile PSA. Il en profite pour mettre en garde une nouvelle fois les Français contre les dangers du protectionnisme et du retrait de l'Europe, représentés par les projets de Marine Le Pen et de Jean-Luc Mélenchon.

Dimanche 16 avril

La campagne présidentielle est dans sa dernière ligne droite.

Dans un article publié dans *Le Journal du Dimanche*, il est affirmé que « la Direction générale de la sécurité intérieure a avisé, cette semaine, les principaux candidats d'une menace précise sur leur sécurité ou celle de leur siège de campagne ». Des notes d'information détaillées auraient été envoyées aux services de police chargés de leur protection. Ce même article fait état de menaces imminentes, prises au sérieux par le parquet antiterroriste, qui aurait ouvert une enquête préliminaire et piloté les premières investigations. Enfin, il est évoqué la mise en place d'un dispositif de sécurité exceptionnel, incluant la mobilisation de tireurs d'élite et d'unités d'intervention du RAID, pendant le meeting de François Fillon qui s'est déroulé vendredi dernier, à Montpellier. Face à ces allégations, Matthias Fekl s'est refusé à tout commentaire. Il s'est contenté de rappeler le niveau particulièrement élevé de la menace.

La vérité est qu'il y a quelques jours seulement le ministre de l'Intérieur a cherché à me joindre en urgence. Il avait dans son bureau le directeur général de la sécurité intérieure, Patrick Calvar, venu l'informer que des éléments étaient entre les mains des services, témoignant d'un possible attentat à l'encontre de François Fillon. Dans une déclaration d'allégeance à Daech, une photographie avait été retrouvée, incluant un article du journal *Le Monde* faisant référence au candidat des Républicains.

Dès à présent, plus de 50 000 policiers et gendarmes sont mobilisés pour sécuriser les 67 000 bureaux de vote et des principales réunions publiques. Nous avons également la préoccupation de possibles affrontements entre les deux tours. Dans le climat de tension qui prévaut, rien ne doit être laissé au hasard.

Lundi 17 avril

Face aux incertitudes concernant l'issue du vote de dimanche prochain, les candidats qui ont encore une chance de l'emporter le 7 mai prochain se livrent une bataille sans merci.

À Bercy, Emmanuel Macron rassemble plus de 20 000 personnes et tente de désamorcer une polémique malsaine sur un héritage qu'il n'a jamais reçu, sur les revenus qu'il a légalement perçus et sur les dépenses qu'il a normalement effectuées, pendant la période 2009-2014. De son côté, Marine Le Pen multiplie contre lui les attaques indignes : « Avec Emmanuel Macron, ce sera l'islamisme en marche, le communautarisme en marche », s'est-elle exclamée samedi à Perpignan. François Fillon, avec une détermination intacte, continue de croire en sa victoire. Il redit que ses adversaires ont « cherché à l'abattre plutôt que de débattre » et il promet de créer la surprise, comme au moment de la primaire de la droite et du centre. Quant à Jean-Luc Mélenchon, il harangue la foule qui se promène sur les berges de la Seine à partir d'une péniche transformée en tribune de meeting, pendant que Benoît

Hamon, désormais crédité de 8 % des intentions de vote, explique qu'il ne votera pas pour Marine Le Pen au second tour de l'élection présidentielle, sans oser dire, toutefois, qu'il votera pour lui. Il a donc non seulement déjà perdu, mais donne le sentiment de s'effacer devant le chef de La France insoumise.

Mardi 18 avril

Après une traque de six jours, deux hommes connus des services de police et de renseignement pour leur radicalisation et animés par la volonté de commettre une action violente et imminente ont été arrêtés à Marseille ce matin. Un nouvel attentat a donc été déjoué. Lors d'une perquisition dans un « appartement conspiratif » du 3e arrondissement, les enquêteurs ont découvert un arsenal impressionnant : un fusil-mitrailleur Uzi 9 mm, deux armes de poing, des boîtes de munitions, un sac de boulons et 3 kilogrammes d'explosif TATP. Au mur de l'appartement était accroché un plan de la ville de Marseille, mais aussi des photographies d'enfants morts, victimes de la guerre, de bombardements ou d'exactions. Selon les enquêteurs, ces terroristes cherchaient à frapper la campagne présidentielle, sans qu'il soit possible d'en savoir davantage, à ce stade des investigations, sur leurs intentions. Ceux auxquels faisait référence l'article du *JDD* de dimanche dernier ont été arrêtés.

Devant le groupe socialiste à l'Assemblée nationale, confirmation est donnée aux députés de ma disponibilité pour les accompagner dans la campagne qu'ils auront à affronter dans quelques semaines. Pendant la réunion, peu d'oppositions s'expriment, non parce qu'il n'y en a pas, mais parce qu'elles n'ont plus la force de se faire entendre. L'ambiance est incontestablement morose. Un participant ayant parrainé Emmanuel Macron, présent à cette rencontre organisée salle Colbert, a révélé à la presse qu'il y régnait « une ambiance où personne n'y croit plus ». Un de ses collègues, lui aussi rallié au candidat d'En Marche, mais qui a courageusement souhaité garder l'anonymat, a pour sa part déclaré : « Bernard Cazeneuve peut convaincre un colloque de notaires de sa bonne foi, mais gagner des législatives… » C'est ignorer que, dans l'état d'esprit où je me trouve, il m'importe simplement de demeurer fidèle aux miens, à ce à quoi je crois, quitte à prendre le risque d'être raillé pour cela par des opportunistes.

Jeudi 20 avril

Alors que tous les candidats à l'élection présidentielle participent à une émission sur France 2, une attaque terroriste se produit sur les Champs-Élysées : un policier est tué. Deux de ses collègues sont blessés, dont un grièvement. Immédiatement, Amaq, l'organe de propagande de l'État islamique, revendique l'attentat et divulgue le nom de son auteur : « Abbu Yussef le Belge ».

Après un rapide échange téléphonique avec François Hollande, nous convenons de nous retrouver à l'Élysée. Le ministre de l'Intérieur, à qui j'ai demandé de se rendre sur les lieux, doit nous rejoindre dans la foulée, ainsi que le garde des Sceaux. À mon arrivée dans son bureau, je retrouve le président de la République autour de la petite table de travail, avec son chef d'État-Major particulier, l'amiral Rogel, et son conseiller en communication, Gaspard Gantzer. L'ambiance est lourde. Les visages sont fermés. Le président me fait part de sa décision de s'exprimer sans tarder, mais il souhaite préalablement s'entretenir avec les ministres de l'Intérieur et de la Justice. Lorsque Jean-Jacques

Urvoas nous rejoint, nous l'interrogeons sur le profil de l'assaillant. Il nous indique qu'il était visé par une enquête antiterroriste pour avoir manifesté son intention d'assassiner des policiers. Il a été arrêté le 23 février, avant d'être remis en liberté par la justice, faute de preuves. Il avait aussi été condamné en 2005 à quinze années de réclusion pour tentative d'homicide volontaire sur un policier. Alors que nous évoquons le profil du terroriste et l'intervention télévisée que François Hollande doit prononcer sans attendre, mon téléphone sonne. Sur l'écran s'affiche le nom d'Emmanuel Macron. Le président, à qui rien n'échappe, me regarde et me dit : « Les relations du Premier ministre s'inquiètent des événements ?... »

Lorsque, quelques minutes après, le chef de l'État prend la parole en direct, à la télévision, chaque mot est pesé, chaque information communiquée est précise. Pénétré de la gravité du moment, il qualifie l'attaque qui vient de se produire pour ce qu'elle est : un attentat terroriste. Il évoque « la vigilance absolue » qui préside à l'action du gouvernement et des forces de l'ordre. Il annonce l'hommage national qui sera rendu au policier tué. Le ministre de l'Intérieur a prévu d'aller à la rencontre des policiers de la Direction de l'ordre public et de la circulation de la Préfecture de police de Paris. Il sait qu'il lui faudra trouver les mots pour apaiser le chagrin des collègues du policier assassiné et que ce moment sera douloureux pour chacun.

Lorsque je quitte le président de la République, il est déjà très tard. Seuls tous les deux, nous évoquons les souffrances endurées par les Français face à l'abjection des attaques terroristes. Nous savons que, dans les emportements de la campagne électorale, certains candidats instrumentaliseront ce drame pour faire prospérer leurs thèses. Nous pensons qu'il faudra jusqu'à l'ultime instant de ce grand rendez-vous démocratique auquel le pays se prépare nous montrer à la fois vigilants et exigeants, pour que la vérité et la raison s'imposent face aux excès et aux mises en cause.

Vendredi 21 avril

Nous nous retrouvons dès 8 heures autour du président de la République, pour un conseil de défense exceptionnel, qui s'ajoute à ceux que nous tenons, hebdomadairement, depuis des mois. La multiplication des attaques terroristes en Europe, au cours des dernières semaines, les informations récemment diffusées sur l'attentat déjoué de Marseille et les menaces qui pèsent sur le scrutin présidentiel contribuent à créer un climat lourd, dont les conséquences pour le pays sont incertaines. Les forces de l'ordre sont mobilisées au-delà du raisonnable et je ne sais comment nous aurions fait si leurs effectifs n'avaient pas été significativement augmentés et leurs équipements modernisés pendant le quinquennat. Les militaires de l'opération Sentinelle ne peuvent guère donner plus, compte tenu des contraintes opérationnelles auxquelles les armées doivent faire face et qui résultent de leur engagement sur le théâtre des opérations extérieures. Le chef d'État-Major des armées, le général Pierre de Villiers, fait de son mieux, depuis des mois, sous l'autorité du chef des armées et du ministre de la

Défense, Jean-Yves Le Drian, pour concilier la lutte contre le terrorisme à l'extérieur de nos frontières, et la contribution des militaires à la protection de nos concitoyens sur le territoire national. Pendant cette réunion du conseil de défense, François Hollande interroge, écoute et décide. Et autour de la table, où siègent les responsables des services de police, les chefs du Renseignement intérieur et extérieur et les autorités militaires, je sens du respect pour celui qui s'apprête à quitter le pouvoir et qui, dans les épreuves, a su avec sang-froid prendre ses responsabilités dans le respect de ceux qui, en première ligne, l'ont aidé à protéger les Français.

Comme nous l'avions pressenti la veille, la droite et l'extrême droite y vont de leurs polémiques. Marine Le Pen a ouvert les hostilités dans la matinée, par une déclaration prononcée à partir de son quartier général de campagne. Après avoir affirmé que, depuis dix ans, les gouvernements de droite et de gauche ont tout fait pour que nous perdions la guerre contre le terrorisme, elle a « solennellement » demandé au chef de l'État d'« ordonner la restauration effective de nos frontières » et le « traitement administratif ou pénal immédiat des fichés S ». De son côté, François Fillon s'est dit prêt à combattre « d'une main de fer » l'islamisme radical et s'en est pris à « ceux qui n'ont pas pris totalement la mesure du mal qui nous agresse ».

En fin de matinée, je convoque la presse pour une courte déclaration sur le perron de Matignon, destinée à répondre, point par point et précisément, à ces mises en cause. Je commence par rappeler que, lorsque Marine Le Pen demande la restauration immédiate de nos frontières nationales, elle fait mine d'ignorer que c'est le gouvernement de Manuel Valls qui a pris cette décision en novembre 2015 et que, depuis cette date, 105 millions de personnes y ont été contrôlées et 80 000 refoulées. Depuis le début des attaques terroristes, 117 personnes étrangères fichées S ont été reconduites dans leur pays d'origine, dans le respect rigoureux des principes de l'État de droit. La poursuite de ces personnes « pour intelligence avec l'ennemi », telle que préconisée par la candidate du Front national, se traduirait par des sanctions moins lourdes que celles prévues par les nouvelles lois antiterroristes.

Quant à François Fillon il a demandé, ce matin, la réforme des accords de Schengen et des moyens supplémentaires pour la police et les services de renseignement. Il n'est guère difficile de lui rappeler que c'est grâce aux initiatives que nous avons prises avec Thomas de Maizière au sein du conseil européen Justice-Affaires intérieures que l'article 7-2 du code frontière Schengen a été modifié pour rendre effectif le contrôle des ressortissants de l'Union européenne à ses frontières extérieures. Je ne peux m'empêcher de lui opposer la suppression de 13 000 postes dans les services de police et la désorganisation du Renseignement sous sa responsabilité, lorsqu'il vient déplorer l'action d'un président de la République qui aura, pendant son quinquennat, créé 9 000 postes dans ces mêmes services et recréé le Renseignement territorial.

Dans la foulée de cette déclaration, j'appelle Emmanuel Macron pour m'excuser de n'avoir pu lui répondre la veille, alors qu'il cherchait à me joindre. Il m'interroge sur la nature et le niveau de la menace. Je lui réponds précisément, comme je l'aurais fait pour tout autre candidat qui m'aurait sollicité. Nous évoquons également ensemble le contexte, les événements et les perspectives. Il me demande ce que je compte faire à l'avenir. Je lui indique que j'aiderai mes amis jusqu'au terme des élections législatives, par loyauté, mais aussi parce que je pense qu'il est de l'intérêt du pays de ne pas se priver de parlementaires solides et expérimentés qui, dans la tempête, sauront tenir la mer. Je lui confirme par ailleurs ma décision de prendre du recul. Nous nous promettons de nous reparler et de nous voir.

Samedi 22 avril

Après des jours et des jours de discussions, les leaders du mouvement social guyanais se retrouvent pour signer un accord de sortie de crise. Le document approuvé par toutes les parties entérine le plan d'urgence pour la Guyane proposé par le gouvernement, et acte de nouvelles avancées, qui seront mises en œuvre progressivement. Par communiqué, j'appelle l'ensemble des Guyanais à se rendre aux urnes pour participer au premier tour de l'élection présidentielle.

Dimanche 23 avril

Le scrutin présidentiel se déroule sans incident. Le dispositif mis en place par le ministère de l'Intérieur pour garantir la protection des opérations de vote se révèle particulièrement efficace.

Dans l'après-midi, je m'entretiens à plusieurs reprises avec le président de la République. J'ai préparé autant de projets de déclaration à l'issue du premier tour qu'il y a d'hypothèses plausibles.

Face à Marine Le Pen, l'appel à faire échec à sa candidature doit être immédiat et sans ambiguïté et ce, quel que soit le candidat en face d'elle. Le cas de figure le plus délicat est celui où Jean-Luc Mélenchon serait opposé à Emmanuel Macron au second tour de scrutin. Un tel scénario conduirait inéluctablement à la fracturation de l'électorat socialiste et de la gauche en deux blocs qui viendraient consacrer par leur opposition farouche la théorie des gauches irréconciliables. Certains, au Parti socialiste, qui se sont prononcés en faveur d'Emmanuel Macron dès avant le premier tour, peuvent avoir intérêt à une telle configuration. Mais ce serait alors, par-delà la victoire d'une analyse, la dissolution organisée de la gauche de gouvernement dans un ensemble plus vaste et indéterminé au sein duquel la droite chercherait à exercer une puissante magistrature d'opinion.

Lorsque les premiers sondages sortie des urnes me sont communiqués, aux alentours de 19 h 30, Emmanuel Macron et Marine Le Pen semblent qualifiés, avec des scores respectifs de 23,5 % et 21 %. Avec les ministres que j'ai conviés à Matignon pour la soirée, nous partageons nos analyses. Certains partent rapidement, pour participer à des émissions de télévision ou de radio. D'autres se retrouvent dans les salons parmi les invités, et partagent les temps forts de la soirée électorale devant les grands écrans qui ont été disposés au rez-de-chaussée.

Après avoir prononcé mon allocution, je m'enferme dans mon bureau et regarde les différents candidats livrer leurs analyses et donner leurs consignes. François Fillon s'exprime très tôt, vers 21 heures. Il prend acte de sa défaite et appelle à voter pour Emmanuel Macron au second tour pour faire battre Marine Le Pen : « Ce choix, je ne le fais pas de gaieté de cœur. L'abstention n'est pas dans mes gènes, surtout lorsqu'un parti extrémiste s'approche du pouvoir… Le Front national est un parti qui est connu pour sa violence et pour son intolérance… Ne vous dispersez pas, restez unis », lance-t-il à l'attention de ses électeurs. De son côté, Benoît Hamon parle de meurtrissure après son échec à déjouer « le désastre qui s'annonçait depuis plusieurs mois, et peut-être même plusieurs années ». Il dit assumer pleinement la responsabilité de cet échec, sans se « défausser sur les circonstances du quinquennat, ni les trahisons », ce qui est une manière d'imputer une partie de son score, historiquement bas, à tous les autres responsables du Parti socialiste. Sans la moindre ambiguïté, le candidat malheureux appelle à voter pour Emmanuel Macron, ce qui correspond à la seule décision qui soit conforme à l'éthique républicaine.

Lorsque Jean-Luc Mélenchon s'exprime à son tour, il donne le sentiment d'être enivré par sa propre amertume. Sans doute a-t-il cru à sa qualification jusqu'à la dernière minute, et c'est groggy qu'il apparaît à la télévision. Alors que le contexte politique né de ce premier tour justifierait qu'il appelât à voter, sans la moindre hésitation, contre le Front national et donc pour Emmanuel Macron, il tergiverse et ne donne aucune consigne : « Je ne saurai dire, ni faire davantage à cette heure. Chacun, chacune d'entre vous sait en conscience quel est son devoir. Dès lors, je m'y range. Je n'ai reçu aucun mandat des 450 000 personnes qui ont décidé de présenter ma candidature pour m'exprimer à leur place sur la suite. Elles seront donc appelées à se prononcer sur la plate-forme et le résultat de leur expression sera rendu public. » Pour Jean-Luc Mélenchon, lorsqu'une question éminemment politique et morale se pose, qui engage l'essentiel, ce ne sont ni ses convictions ni sa propre conscience qu'il interroge, mais une plate-forme qu'il sollicite, où le plus grand nombre pourra lui dicter ce qu'il convient de faire. C'est bien la nature profonde de sa pensée et de son mouvement politique qu'il révèle en agissant ainsi. Et que des socialistes aient pu envisager une alliance avec lui, sans mesurer la part de cynisme qui s'attache à son positionnement, en dit long sur l'état de cécité où ils se trouvent désormais.

Emmanuel Macron apparaît très vite triomphant sur les écrans. Sans doute estime-t-il, à juste titre, avoir déjà gagné l'élection présidentielle. Mais comment ne pas penser qu'il est prématuré de se réjouir si vite, alors que les résultats définitifs ne seront promulgués que dans quinze jours, à l'issue du second tour et au terme d'une bataille sans doute très dure. Je vois à l'écran des saluts à la foule, des mains levées, un cortège traversant Paris, un discours trop long et vide prononcé aux côtés de son épouse, acclamée par les militants, touchante, mais comme perdue au milieu d'une scène trop vaste. Tout apparaît décalé. Le ton, les gestes, la légèreté du propos face à la gravité du moment et l'absence de mots pour qualifier l'extrême droite, raconter sa vraie nature, comme si, obsédé par la volonté de séduire tout le monde, on avait fait le choix délibéré de ne fâcher personne.

Chez Marine Le Pen, le propos est simple et comme toujours caricatural. Il y a d'un côté l'héritier de François Hollande, le candidat des élites, des riches et de l'argent roi, le tenant de la dérégulation et de l'immigration totale et de l'autre la candidate du peuple, seule capable de libérer le pays de ses élites arrogantes et de rassembler tous les Français patriotes. Dans la grande opération de manipulation à laquelle elle se livre, elle explique que la survie de la France est en jeu et dit penser, « comme le général de Gaulle », que « la grandeur d'un peuple ne procède que de ce peuple ».

Tard dans la soirée, à la télévision, on peut voir Emmanuel Macron et ses amis, à la Rotonde, une brasserie réputée du quartier de Montparnasse, fêter les résultats du premier tour. Certains commentaires journalistiques sont critiques et injustes. Ils proviennent d'ailleurs des mêmes observateurs qui n'ont rien trouvé à redire au discours d'Emmanuel Macron ni à la mise en scène du reste de la soirée. Là était pourtant le sujet d'interrogation. Pour ma part, je trouve normales ces retrouvailles entre amis, cette pause autorisée avant la reprise des combats. Et si j'ai toujours été exaspéré par la béatitude de certains commentaires de presse qui semblent proscrire tout droit à la lucidité, j'ai davantage encore en horreur la malveillance, qui vise à nuire gratuitement, avec l'idée que, pour être adoubé à Paris, il faut persifler sans cesse.

Lundi 24 avril

Les deux grands partis de gouvernement ont été éliminés, hier soir, du second tour de l'élection présidentielle. Pour ceux qui depuis longtemps les dirigent, c'est un séisme politique. Je reçois ce matin Jean-Christophe Cambadélis, puis le ministre de l'Intérieur, Matthias Fekl, pour évoquer la situation nouvelle qui se présente à nous. Le premier secrétaire du Parti socialiste ne donne jamais le sentiment d'être défait. Par culture politique plus que par tempérament, il affiche la détermination de ceux qui considèrent que « là où il y a encore une organisation, il y a un chemin ». Après m'avoir fait le récit de ses échanges de la veille avec Benoît Hamon et les principaux responsables du Parti socialiste, il évoque la question des élections législatives. Je lui redis ma disponibilité pour aider, sans pour autant revendiquer le moindre leadership. Comme il entend me voir n'en exercer aucun, pour éviter d'avoir à froisser tous ceux avec lesquels il aspire à reconstruire la gauche de gouvernement après qu'elle se sera définitivement effondrée, il semble rassuré par mon souhait de demeurer en retrait. En réalité, j'entends m'exposer beaucoup dans les prochaines semaines, pour venir en soutien de ceux qui solliciteront mon aide. Mais de cet engagement je n'attends aucun profit, ayant fait le choix de prendre de la distance pour réfléchir, écrire et me ressourcer. Ensemble, nous convenons donc qu'à l'invitation de François Rebsamen je me rendrai à Dijon pour une réunion de soutien à Emmanuel Macron ainsi qu'à Rouen, où les élus, sous la houlette de Guillaume Bachelay, m'ont invité à présider une réunion de mobilisation des électeurs normands.

Dans l'après-midi, dans une déclaration faite à partir de l'Élysée, François Hollande indique qu'il votera pour Emmanuel Macron, en raison du risque que Marine Le Pen fait courir au pays.

Mardi 25 avril

À la Préfecture de police de Paris, dans la vaste cour intérieure, plusieurs centaines de personnes participent à la cérémonie en hommage au policier assassiné par un terroriste, sur les Champs-Élysées, dans la nuit de jeudi à vendredi dernier. François Hollande a tenu à ce que Marine Le Pen et Emmanuel Macron soient invités à cette cérémonie. Il a aussi voulu rencontrer longuement la famille et les collègues du policier Xavier Jugelé. Ensemble, avec Matthias Fekl, nous avons été impressionnés par la dignité de tous ces êtres terrassés par le chagrin. De cette cérémonie si singulière, nous garderons dans nos mémoires les mots bouleversants du compagnon du policier assassiné :

« Je suis rentré le soir sans toi, avec une douleur extrême et profonde qui s'apaisera peut-être un jour. Cette douleur m'a donné le sentiment d'être plus proche que jamais de tes camarades qui souffrent comme moi, silencieusement. Pour ce qui me concerne, je souffre sans haine. Lorsque sont apparus les premiers messages informant les parisiens qu'un événement grave était en cours, sur les Champs-Élysées, et qu'un policier avait perdu la vie, une petite voix m'a dit que c'était toi et elle m'a rappelé cette formule généreuse et guérisseuse : Vous n'aurez pas ma haine. Cette haine, Xavier, je ne l'ai pas parce qu'elle ne te ressemble pas, parce qu'elle ne correspond en rien à ce qui faisait battre ton cœur, ni à ce qui avait fait de toi un gendarme, puis un gardien de la paix… Tu vas rester dans mon cœur pour toujours. Je t'aime. Restons tous dignes. Veillons à la paix et gardons la paix. »

Mercredi 26 avril

Sur le site de l'usine de Whirlpool, à Amiens, une bataille se livre entre les deux finalistes de l'élection présidentielle. Marine le Pen choisit d'attirer l'attention sur elle. En prenant tout le monde de court, elle se rend sur place, dans la matinée, où elle est accueillie sous les vivats des militants du Front national qui ont professionnellement organisé la claque.

Emmanuel Macron, qui tient une réunion de travail avec les délégués syndicaux de l'entreprise à Amiens, décide de se rendre à son tour sur le terrain en début d'après-midi. Lorsque le candidat d'En Marche arrive sur les lieux, il est accueilli sous les huées et par des slogans favorables à Marine Le Pen, scandés par des militants frontistes restés sur place.

Tenant bon face à l'hostilité, calme face aux provocations, il se refuse à surenchérir dans la démagogie. Bien au contraire, il affronte les plus vindicatifs des militants présents, qui parlent de protectionnisme et de fermeture des frontières, en leur tenant un discours de raison et de vérité. Par son courage physique, il me donne le sentiment d'avoir, ce jour-là, gagné psychologiquement l'élection présidentielle.

À Paris, François Baroin – qui se dit convaincu de pouvoir gagner les élections législatives – met en garde ceux qui, parmi ses amis, seraient tentés d'« aller à la soupe pour un petit poste ». Nicolas Sarkozy, de son côté, appelle à voter pour Macron, tandis que Jean-Luc Mélenchon s'entête à ne pas révéler son choix, en dépit du trouble que cette position suscite dans son camp. Quant à Nicolas Dupont-Aignan, il dévoile son intention de se rapprocher de Marine Le Pen, en assumant « sa vocation à travailler avec elle ».

Jeudi 27 avril

Deux conceptions de la France s'opposent aujourd'hui à distance.

Ce matin, Marine Le Pen embarque sur un chalutier baptisé *Grâce-de-Dieu II*, appartenant à un candidat du Front national aux élections régionales de 2015. Accueillie par une centaine de militants sur les quais du Grau-du-Roi, elle a de nouveau donné l'image d'une candidate portée par une certaine impatience populaire. En mer, elle a sans surprise instruit le procès de l'Union européenne, au moment même où les professionnels de la mer, inquiets des conséquences du Brexit, font le siège du gouvernement pour que les aides communautaires et les droits de pêche dont ils bénéficient ne soient pas remis en question par une dilution des solidarités entre les nations. Là où le combat historique de la France l'a toujours conduite à maintenir les protections dont bénéficient les secteurs les plus vulnérables de son économie, au premier rang desquels figurent l'agriculture et la pêche, Marine Le Pen propose de sortir de l'Europe sans garantie. Évoquant la politique de « ravage social » proposée par Emmanuel Macron, elle multiplie les signes à destination de l'électorat de Jean-Luc Mélenchon. À Nice, dans la soirée, elle se pose de nouveau en garante d'une France « sereine et apaisée, fruit d'une sagesse millénaire », face à un candidat qui a « la froideur des grandes entreprises qui licencient sans états d'âme ».

Emmanuel Macron se rend opportunément à Sarcelles, où il reçoit un accueil plein de ferveur. Dans cette ville où les Français de toutes origines ont appris depuis longtemps à vivre ensemble et où de graves incidents ont pu être surmontés par une culture partagée de la tolérance et du respect, le candidat qui porte désormais les couleurs de tous les humanistes dénonce la vision de Marine Le Pen, qui ne manquerait pas de « couper la France en deux ». Face aux jeunes des quartiers, il déclare : « Aujourd'hui, il y a deux projets face à face, celui de Marine Le Pen, qui correspond à une France refermée, fracturée, qui serait une trahison de la France. Et, de l'autre côté, vous avez la vision que je porte, qui est celle d'une France républicaine, patriotique, qui a pour ambition de réconcilier les Français. »

Dans le climat qui prévaut dans le pays, il n'est pas encore certain que le projet que porte Emmanuel Macron, et que je préfère sans la moindre réserve à celui, funeste, qu'incarne le Front national, obtiendra suffisamment de suffrages pour que le choix des Français apparaisse sans appel aux yeux du monde.

Vendredi 28 avril

Je reçois ce soir, à Matignon, les élus de Cherbourg. Il s'agit pour moi de commencer à tourner une page de mon engagement public avec ceux qui m'ont aidé, il y a plus de vingt-cinq ans, à ouvrir le livre de ma vie politique. Au moment où je m'adresse à eux, le cœur plein de gratitude pour ces années passées à construire une ville, à transformer une agglomération, je ressens une émotion que j'ai du mal à dissimuler, qui vient de loin. Elle vient de ces mois de solitude où je ne connaissais personne à Cherbourg et où il me fallait convaincre un à un ceux qui vivaient dans cette presqu'île lointaine depuis toujours, et qui ne m'attendaient pas, méfiant qu'ils étaient à l'égard des horsains. Elle vient des amitiés nouées au fil du temps ou des combats. Ces liens ne se rompirent jamais, même lorsque les échecs individuels ou collectifs, après de belles victoires, semèrent leur part de doute. Il y eut aussi le soutien sans faille des Cherbourgeois, quand, dans l'exercice du pouvoir, arrivèrent les coups durs et les mises en cause. Dans ces moments difficiles, c'est auprès des miens, dans ce Cotentin rude et venteux, que j'ai souvent puisé la force de poursuivre.

Ce soir, je veux parler à mes amis de la France, du choix qu'elle a à accomplir pour elle-même et pour ses enfants, je veux leur dire ma fierté de l'honneur qui m'a été fait de pouvoir servir mon pays, je veux les convaincre que la seule vertu utile, pour tous ceux qui s'engagent, porte le joli nom de fidélité et qu'il n'est pas de plus belle manière de servir qu'en recueillant la confiance des citoyens pour transformer un territoire. Dans cet instant si fort pour moi, dans ce lieu si hautement symbolique de la République et du pouvoir, je pense à François Mitterrand et à cette belle image par laquelle il racontait l'enracinement des élus sur leur terre comme s'il parlait du trésor de la démocratie : il nous faisait rêver en évoquant une pyramide posée sur sa pointe.

Samedi 29 avril

Dans la transgression de tous les repères historiques, dans l'abandon de toutes les filiations politiques qui servirent longtemps de boussole aux Français, Nicolas Dupont-Aignan justifierait presque son ralliement à Marine Le Pen par sa fidélité à l'héritage du général de Gaulle, dont il ne cesse de se réclamer.

Jean-Luc Mélenchon, l'Insoumis, est toujours incapable de prendre une position claire concernant son choix pour le second tour de l'élection présidentielle. Celui qui prétend incarner la rupture avec l'ordre établi n'aura pas réussi à rompre avec les calculs sournois et dangereux.

Lundi 1er mai

Dans une tribune publiée par le journal *Libération*, en ce jour hautement symbolique pour le monde du travail, je m'adresse aux électeurs de Jean-Luc Mélenchon pour leur dire le danger que représente pour le pays le projet de l'extrême droite. Face à une échéance décisive, nul soucieux de l'avenir de la nation, ou simplement fidèle aux valeurs républicaines, n'a le droit d'hésiter ou de ne pas dire clairement son choix. A fortiori, toute femme ou tout homme de gauche doit appeler à voter, sans ambiguïté, pour Emmanuel Macron. L'amertume, le cynisme, l'absence de lucidité face à la vraie nature du Front national constitueraient des fautes que l'histoire jugerait sévèrement.

Pour Jean-Luc Mélenchon et ceux qui le suivent ou tergiversent, il est encore temps de faire le choix de la République. Ne pas le faire, en vertu d'un goût irrépressible pour le calcul, la rupture ou la révolution, relèverait d'une impardonnable faute morale.

Bien entendu, le soutien sans restriction que nous apportons à Emmanuel Macron, en cette circonstance, ne signifie pas que nous approuvons sans réserve la totalité de son projet. Mais c'est dans le cadre des élections législatives que l'orientation du quinquennat sera scellée. Et à ce moment-là la gauche de gouvernement ne devra pas se soustraire à ses responsabilités. Elle aura, pour ce faire, à s'opposer dans la clarté à tout compromis avec l'extrême gauche, qui sera dans le refus de tout et dans la tentation de la radicalité violente dans la rue. Il lui faudra aussi être suffisamment forte pour garantir au pays la stabilité dont il aura besoin, pour poursuivre la modernisation de son économie, avec le souci constant de la justice et de la préservation de son modèle social.

Au moment où mon texte est publié, et par pure coïncidence, Philippe Martinez se déclare en profond désaccord avec certaines sections syndicales de la CGT qui appellent à faire battre les deux candidats demeurés en lice pour le second tour. « Emmanuel Macron ou Marine Le Pen, ce n'est pas la même chose ! Le Front national est un parti raciste, xénophobe, anti-femmes et anti-salariés parce que c'est aussi un parti libéral », a-t-il déclaré sur Europe 1. Pour ceux qui ont le sens de l'histoire et qui sont passés, notamment, par le Parti communiste, les hésitations ne sont pas de mise. C'est la raison pour laquelle certains socialistes, qui pensent pouvoir réitérer avec Jean-Luc Mélenchon ce que François Mitterrand était parvenu à faire avec Georges Marchais il y a plus de trente-cinq ans, se trompent. Les partenaires d'aujourd'hui ne sont pas de même nature et les alliances avec eux ne produiraient donc pas les mêmes effets. Le mimétisme ne suffit pas pour réussir. Il importe aussi de prendre en compte le contexte historique et de demeurer lucide sur la nature profonde de ceux avec qui on se propose de pactiser.

Mardi 2 mai

Hier, Emmanuel Macron a fleuri la plaque en mémoire de Brahim Bouarram, un jeune Marocain jeté en 1995 dans la Seine par des militants proches de l'extrême droite, en marge d'un rassemblement politique de Jean-Marie Le Pen. Quelques jours auparavant, il s'était rendu dans le village martyr d'Oradour-sur-Glane, en Haute-Vienne, et au Mémorial de la Shoah, à Paris. Pour ce candidat de trente-neuf ans, qui sera peut-être le plus jeune président de la Vᵉ République, la conscience de la dimension tragique de l'Histoire n'est apparue vraiment qu'en fin de campagne, dans cet affrontement sans concession avec Marine Le Pen. Dans le choix des lieux de mémoire comme dans celui des mots pour exprimer son indéfectible attachement aux valeurs universelles qui ont forgé l'indépassable identité de la France, il a su se montrer juste et convaincant.

Manuel Valls a confirmé ce matin qu'il souhaitait participer à la majorité présidentielle, sans quitter le Parti socialiste : « Le PS devra assumer ses responsabilités. Les sociaux-démocrates, les progressistes doivent faire partie de la majorité. Le PS ne peut pas être dans le ni-ni, dans le cadre d'une campagne autonome. Je n'abandonne aucune étiquette. On n'efface pas une vie politique, un engagement, en quelques heures, en quelques jours. J'ai été désigné par le PS et personne ne peut m'enlever cette étiquette. » Emmanuel Macron lui a répondu sur-le-champ qu'en dépit des désaccords qu'il a pu avoir avec lui ce dernier pourra participer à la majorité, si toutefois il accepte de quitter son parti. Sous prétexte d'une « cohérence forte » avec « des femmes et des hommes qui considèrent que leurs destins sont liés », le favori pour le second tour de scrutin appelle donc clairement les candidats qui voudront bénéficier de la dynamique de l'élection présidentielle à abandonner leurs organisations politiques pour se placer sous la bannière d'un parti unique, le sien.

Cette démarche me préoccupe grandement, non pas en raison de la difficulté supplémentaire qu'elle oppose à la mission ingrate qui sera bientôt la mienne, de conduire les socialistes dans la campagne législative, mais parce qu'elle me paraît porter en elle toutes les potentialités de graves déconvenues : celle d'abord de l'échec du projet de modernisation de la vie politique, auquel les Français semblent aspirer et qu'Emmanuel Macron porte comme un étendard. C'est sans doute dans la possibilité pour des organisations politiques différentes de se dépasser dans le but de servir ensemble le pays que réside la nouveauté, et non dans l'éradication par le parti du président de toutes les forces existantes. Il y a aussi le risque de substituer à des personnalités de valeur, qui par loyauté seront demeurées fidèles à leurs organisations, des opportunistes ou des aventuriers de tout poil qui auront pris place parmi des gens bien et qui alimenteront ultérieurement des frondes bien plus indomptables que celles que nous avons eu à affronter nous-mêmes. Il y a enfin le danger qui s'attache toujours, si l'on est un modernisateur, à vouloir couper brutalement les fils de l'Histoire, dans l'ignorance ou le mépris des courants qui ont contribué à donner du sens aux grands combats des progressistes, des humanistes et des réformistes qui, en France, furent toujours spontanément moins puissants que les conservateurs. Bref, l'idée que, dans le grand soir du nouveau monde, le vieux monde pourrait disparaître au seul bénéfice de la transformation du pays me paraît relever d'une illusion dont les conséquences pourraient se révéler difficilement gérables.

Ce soir, à Dijon, à l'invitation de François Rebsamen, sept cents personnes sont rassemblées pour une réunion de soutien à Emmanuel Macron, parmi lesquelles Jean-Christophe Cambadélis, Stéphane Le Foll et quelques dizaines de parlementaires et d'élus de la région. La ministre Laurence Rossignol est également invitée à s'exprimer. La salle est réactive. Elle regroupe des militants et des électeurs sociaux-démocrates qui aspiraient à ce que le quinquennat de François Hollande fût davantage soutenu. Certains parmi eux imaginent qu'Emmanuel Macron pourrait le prolonger, au lendemain de l'élection présidentielle, avec le concours d'une majorité où tous les progressistes parviendraient à prendre leur place. Ayant perçu cette sensibilité de l'auditoire, considérant par ailleurs que nous n'avons pas le choix de notre stratégie, si nous voulons éviter à tout prix un tête-à-tête entre Emmanuel Macron et la droite – qui pourrait être souhaité par lui, pour des raisons tactiques, ou qui lui serait imposé, du fait de notre extrême faiblesse –, j'invite l'auditoire à porter massivement ses suffrages sur son nom :

« Les socialistes, parce qu'ils ont cette ambition que l'espérance soit en permanence confrontée au réel, ne peuvent pas dire : élisez un président de la République face à Marine Le Pen et faites le pari de son échec. Ils doivent aussi être disponibles pour le faire réussir. Et pour le faire réussir en étant disponibles, il faut qu'ils soient une force, une force qui dise l'endroit d'où elle parle, les valeurs qu'elle porte, et qui soit fière de son histoire. »

En prononçant ces quelques mots à Dijon, en évoquant l'intérêt d'une coalition, je dis ce que je crois juste. Je prends date, surtout, après avoir perçu, en début de semaine, au cours d'un échange téléphonique avec Emmanuel Macron, sa préférence pour l'absorption par le parti du président de tous ceux qui lui auraient fait d'abord allégeance. Pourtant, la promotion d'une coalition à l'allemande, où chacun s'engagerait, avec son identité et son histoire, pour le redressement du pays, offrirait davantage de garanties d'efficacité et de stabilité.

Mercredi 3 mai

J'ai rarement vu un débat télévisé d'une telle violence, opposant les deux finalistes d'une élection présidentielle. Marine Le Pen a dilapidé en une soirée tous les efforts qu'elle avait produits pendant des années, en prenant chaque jour sur elle, pour donner au pays le sentiment qu'elle avait changé profondément la nature du Front national, en soldant de son vivant l'héritage politique de son père. Dans le mensonge et dans la haine, dans l'invective et la manipulation, elle a permis à Emmanuel Macron de faire la démonstration qu'il était en maîtrise, souvent en sincérité, qu'il incarnait la France que nous souhaitions voir « continuer », pour reprendre la formule du général de Gaulle.

Dans la joute oratoire, j'ai retrouvé l'ami du début du quinquennat, espiègle et souvent brillant dans la réplique. J'ai parfois aussi vu ressurgir d'autres travers, plus classiques, lorsqu'à plusieurs reprises il a affirmé n'avoir jamais été ministre du Budget ni Premier ministre et que, de ce fait, il ne pouvait être tenu pour responsable du bilan du quinquennat. En ces moments précis du débat, je me suis souvenu que, pendant plus de quatre ans, il avait participé au gouvernement de la France, soit comme secrétaire général adjoint de l'Élysée, soit comme ministre de l'Économie, et qu'il eût été élégant d'être fier de ce qu'il avait contribué à réussir dans ces fonctions. Sans doute a-t-il considéré, à ce moment de la campagne, que l'élégance n'était pas nécessairement, en politique, la manière la plus efficace de prendre rapidement son bénéfice, oubliant qu'elle n'est pas une obligation de courtoisie mais une noblesse de l'âme.

Lorsqu'avec mon épouse Véronique nous quittons les amis qui nous ont invités à suivre avec eux le débat, j'éprouve comme des millions de Français la satisfaction d'avoir vu Emmanuel Macron terrasser son opposante, en la réduisant à cette caricature d'elle-même qui ressemble à s'y méprendre au vrai visage de son père, qu'elle aurait tant aimé faire oublier.

Jeudi 4 mai

Sur mes terres normandes, je poursuis la campagne présidentielle, en soutien à Emmanuel Macron. À Val-de-Reuil, dans la ville dont Marc-Antoine Jamet est le maire, sur une place aménagée face à une crèche que nous venons d'inaugurer, une foule bigarrée, dissipée, fraternelle a pris place pour les discours. Par une harangue efficace, mon hôte présente les enjeux du scrutin, convoque les valeurs et parle de la ville qu'il administre avec la fierté de celui qui est parvenu à donner de la densité au vivre-ensemble. Lorsque mon tour est venu, j'évoque le commissaire de Val-de-Reuil, Arnaud Beldon, blessé au Bataclan. À l'image de tous ces policiers républicains qui, chaque jour, assurent la protection des Français, il porte dans son cœur l'amour du droit et le respect de l'autre, que la foule rassemblée sous le soleil célèbre avec nous. Des jeunes, des responsables associatifs, des élèves des lycées applaudissent avec ferveur, bruyamment, sans retenue, le nom d'un policier qui fut près d'eux et qui est désormais un héros à leurs yeux.

Vendredi 5 mai

À proximité de la base militaire d'Évreux, un homme radicalisé a été arrêté par les forces de l'ordre. Dans son véhicule, une clé USB contenant un message d'allégeance à l'État islamique a été retrouvée, ainsi que plusieurs petits drapeaux de l'organisation terroriste. Cet ancien militaire converti à l'islam était sous surveillance étroite de la gendarmerie depuis 2014. Dans le cadre de l'état d'urgence, il avait fait l'objet de perquisitions administratives en 2015 et 2017, mais les investigations judiciaires le concernant, diligentées pour infraction à la législation sur les armes, n'avaient jamais abouti. La section antiterroriste du parquet de Paris s'est saisie vendredi matin de l'enquête. À cette heure et à deux jours du scrutin, un nouvel attentat a été déjoué.

L'équipe de campagne d'Emmanuel Macron dénonce un « piratage massif et coordonné » de ses données informatiques, après la divulgation sur les réseaux sociaux de courriels, de documents comptables ou de notes internes. À ces documents authentiques s'ajoutent de fausses pièces, ce qui ne laisse guère de doute sur la tentative de déstabilisation dont le candidat d'En marche a fait l'objet.

Jusqu'à la dernière minute, cette campagne présidentielle inédite se sera déroulée sous tension.

Dimanche 7 mai

Emmanuel Macron est élu président de la République, avec 66 % des voix.

François Hollande a souhaité que ce moment si singulier de son quinquennat se déroule à l'Élysée, en présence de quelques invités, parmi lesquels on trouve de fidèles collaborateurs, accompagnés de leurs familles. À ma grande surprise, certains journalistes ont obtenu l'autorisation d'immortaliser l'événement. Certains ministres leur parlent volontiers. Ils contribuent ainsi à donner tout son sens à cette célèbre réplique de Michel Audiard, par laquelle Francis Blanche s'agace du « besoin chez les marins de faire des phrases ».

L'ancien ministre de la Défense du gouvernement danois de Helle Thorning-Schmidt, Nicolai Wammen, et son épouse, ont répondu à mon invitation et sont également présents. Élégants et timides, ils sont comme ces personnages décalés des pièces de Tchekhov qui sentent qu'un monde disparaît peu à peu, mais ne sont pas pour autant capables de dire celui qui vient.

Dans le bureau du président de la République, avant la proclamation des résultats, les ministres présents ont échangé leurs impressions sur la situation politique. Il y a ceux qui seront candidats aux élections législatives et qui espèrent ne pas avoir contre eux de candidats d'En Marche. Une secrétaire d'État, qui imagine Jean-Pierre Jouyet en grâce, fait son siège pour obtenir de lui qu'il intervienne auprès d'Emmanuel Macron pour que celui-ci l'épargne ou même la fasse nommer dans son premier gouvernement. D'autres, qui se plaisent désormais à expliquer que le Parti socialiste est mort, alors qu'ils lui doivent tout, veulent être les premiers, à la télévision, pour le faire savoir. Ils n'entendent donc pas s'attarder à l'Élysée. Et puis il y a l'immense majorité des ministres qui ont du respect pour François Hollande. Ceux-là sont sincèrement écartelés entre le soulagement du résultat qu'ils pressentent et la tristesse de voir le quinquennat s'achever de la sorte. Il y a enfin ceux qui ne sont pas venus et dont l'absence est difficilement explicable, à moins qu'elle ne trouve sa source dans les « vicissitudes de l'âme humaine » – pour reprendre la formule prémonitoire de François Hollande, pendant la campagne de 2012 – c'est-à-dire dans ce travers si prévisible de certaines psychologies qui les projette toujours vers le poste d'après.

À 20 heures, devant le grand écran disposé dans la salle des fêtes, le président et ses ministres sont ensemble, au milieu des invités. L'ambiance est indéfinissable. Pour ne pas avoir à se croiser, les regards demeurent rivés sur l'écran. Chacun tente de retenir ses sentiments. Les regards sont vides de toute expression. De peur de commettre une indélicatesse, nous avons enfoui au plus profond de nous-mêmes nos ego. Cela ne correspond pas, pourtant, à notre pente naturelle. François Hollande, lui aussi, ne laisse rien paraître de ce qu'il éprouve. Il n'est pas triste, sans doute parce que le pays a évité le pire. Il est même volubile. Mais c'est cette attitude détachée, alors que les circonstances sont si particulières, qui me conduit à penser qu'il garde tout pour lui. À l'annonce des résultats, des applaudissements se font entendre. Mais les yeux ne quittent pas l'écran jusqu'à ce que le petit groupe s'éparpille, subitement, comme une volée d'étourneaux.

Pendant cette longue soirée, je demeure près du président de la République et lorsque je m'en éloigne, il m'appelle. Unis jusqu'à la fin dans la gestion des affaires de l'État, nous vivons dans la proximité cette soirée si singulière, dont nous ne savons pas encore si elle marque la fin d'une période ou au contraire son approfondissement par d'autres moyens.

Puis nous assistons ensemble à la première déclaration d'Emmanuel Macron, qui a la densité de l'instant historique que nous venons de vivre. François Hollande me dit tout le bien qu'il en pense. À aucun moment je ne sens chez lui la moindre amertume.

Plus tard, de retour chez moi, je regarde à la télévision les images des Tuileries, la beauté des lumières sur la pyramide du Louvre, qui se détache comme un signal dans la nuit, le pas lent du nouveau président, la qualité des images et l'émotion de Brigitte Macron. Tous les regards des Français sont tournés vers cette place où le couple présidentiel apparaît, rejoint peu à peu par ses proches. Ailleurs dans Paris et en province, il n'y a pas de liesse populaire, seulement un soulagement qui s'exprime sans bruit.

Lundi 8 mai

À l'Arc de triomphe, alors que nous passons les troupes en revue avec François Hollande, Emmanuel Macron arrive. Nous le rejoignons à la tribune où les hautes personnalités ont pris place. Les deux présidents, après s'être salués, partent ensemble pour raviver la flamme du soldat inconnu. Un président qui s'en va prend sous son aile un jeune président qui arrive avec des gestes simples, destinés à consacrer un passage de témoin que certains interpréteront comme la preuve d'une filiation.

Chacun a sa propre manière pour dire qu'aucun fil jamais ne se rompt.

Mercredi 10 mai

C'est comme la dernière d'une pièce, qui aura duré cinq ans. Les trente-sept membres du gouvernement sont réunis pour la dernière fois au palais de l'Élysée. Dans le bureau de François Hollande, où je me trouve, je plaisante devant la fenêtre ouverte sur le parc. Je me rends compte que c'est toujours à cette place que nous nous sommes parlé des choses essentielles, au cours des cinq dernières années. J'essaie de faire rire le président de la République qui désire que rien ne soit nostalgique en ce jour si particulier pour lui, pour nous. Je lui décris le jardin, de façon inattendue et un peu absurde, en imitant les accents de tous ceux, connus de nous, qui lui ont rendu visite pendant cinq ans. Nous rions et cela nous permet d'éviter d'avoir à nous dire ce qui pourrait nous émouvoir.

Dans le salon Murat, les ministres ont déjà pris place lorsque nous arrivons. L'ambiance est grave, incontestablement solennelle. Puis tout se passe comme à l'accoutumée. Le ministre des Affaires étrangères, Jean-Marc Ayrault, présente un projet de loi, autorisant « un protocole relatif à la convention pour la répression d'actes illicites contre la sécurité de la navigation maritime » et la ministre du Logement, Emmanuelle Cosse, un projet de loi ratifiant une ordonnance portant création de l'établissement public de La Défense. Le ministre de l'Économie et des Finances évoque une ordonnance visant à favoriser le développement des émissions obligataires.

Ainsi tout est ordinaire, terriblement administratif, jusqu'à l'évocation du bilan du quinquennat, qui arrive comme un point d'orgue et dans lequel je me lance la voix enrouée et basse, avant de terminer par quelques mots personnels en guise de remerciements adressés à François Hollande pour ce qu'il a fait, pour ce qu'il a été pendant ces cinq ans de défis et d'épreuves pour le pays et pour lui-même. Je lui dis la fierté d'avoir servi la France à ses côtés et l'honneur que nous avons tous ressenti à demeurer près de lui jusqu'au bout, fidèlement et loyalement, avec le souci de l'unité dans l'action, et avec comme seule boussole le sens de l'État.

Puis vient le tour du président. Alors qu'il ne laisse jamais rien paraître de ses émotions, il se révèle en cet instant sensible et humain. Les ministres l'écoutent dans un silence impressionnant. Il raconte son quinquennat, remercie ses trois Premiers ministres et les membres du gouvernement qui l'ont accompagné. Il parle du sens de l'Histoire et de la mémoire de ceux qui ne sont plus et qui continuent d'inspirer l'action des vivants, parfois malgré eux. Lorsqu'il termine, quelques regards sont embués. Sur le perron de l'Élysée, il salue chacun individuellement.

Un quinquennat prend fin.

Jeudi 11 mai

Des cartons ont envahi mon bureau. Avec les intendants qui contribuèrent à adoucir chaque jour ma vie passée à Matignon, avec le concours de mes trois secrétaires, sous le regard attentif de mon chef de cabinet, nous rangeons jusqu'au dernier objet personnel dans des caisses, avec le souci de faire place nette. Partir quand on est ministre est toujours une violence, m'avait-on dit avant que je ne devienne ministre à mon tour. Mais c'est finalement moins dur qu'on ne le croit, si dès le premier jour on a fait abstraction du décor pour ne rester concentré que sur la matière, et si à chaque instant on s'est dit que l'on n'est rien et que l'État est tout. Ce qui est pour moi plus douloureux, c'est de devoir me séparer de ces collaborateurs qui se sont dépensés sans compter, que j'ai estimés et aimés, et qui furent des soldats autant que des amis.

Vendredi 12 mai

Mes collaborateurs m'ont demandé de me trouver dans le parc aux alentours de 15 heures. Lorsque je les rejoins, ils sont devant un marronnier de belle taille, posé sur sa motte de terre. Ce cadeau grandira dans mon jardin, après y avoir pris racine.

Finalement, grâce à cet arbre, qui est le plus beau des présents, ils ont eux aussi voulu me dire que nous ne nous quitterons pas.

Dimanche 14 mai

Lorsque j'arrive à l'Élysée, pour la cérémonie de passation des pouvoirs, ma voiture s'arrête rue du Faubourg Saint-Honoré. Il y a sur les trottoirs une foule compacte qui attend le nouveau président de la République.

Dans un salon je retrouve le général Puga, grand chancelier de la Légion d'honneur, les présidents de l'Assemblée nationale et du Sénat. Ils sont tous en verve, heureux d'être là pour ce moment historique.

Dans le parc, les gardes républicains se préparent à rendre les honneurs à Emmanuel Macron, avec une application qui, à elle seule, suffit à révéler la solennité du moment. Lorsque le nouveau président arrive, il est accueilli par son prédécesseur, qui le conduit dans son bureau. L'entretien me semble interminable. Il dure bien au-delà des usages, en de telles circonstances. Pour ma part, je me tiens à distance du grand hall, pour ne pas voir partir François Hollande. Puis arrivent les proches du président et les membres de sa famille, qui vont prendre place dans la salle des fêtes.

Brigitte et Emmanuel Macron nous rejoignent. Visiblement très émus, ils s'isolent avec le général Puga dans un salon voisin. Dans la salle des fêtes, après l'entrée solennelle, la cérémonie suit son cours normal, dans un enchaînement parfait, où tous les usages protocolaires sont scrupuleusement respectés. Le discours du président du Conseil constitutionnel est spirituel et bienveillant. Il évoque une campagne « chamboule-tout » et, s'inspirant de Chateaubriand, il présente le nouveau président de la République comme l'homme de son pays, puisqu'il est l'homme de son temps. Chez Laurent Fabius, rien n'est jamais laissé au hasard. Et la distance qu'il entretient subtilement avec les événements, en toutes circonstances, est une manière d'élégance.

Alors que je suis dans la pensée de François Hollande, me reviennent certains des moments que nous avons passés ensemble, avec Emmanuel Macron, lorsqu'il était secrétaire général adjoint de l'Élysée et que nous nous retrouvions tous les trois dans le train qui nous conduisait vers Bruxelles. Pendant des nuits sans fin, les négociations européennes entretenaient entre nous une agréable complicité. À l'époque, dans la connaissance parfaite que nous avions de notre film culte, *Les Tontons flingueurs*, nous avions chacun notre surnom. Celui de François Hollande était « le Mexicain ». Il ne pouvait en avoir d'autre, puisqu'il était le chef et qu'à nos yeux il était le meilleur. L'avait-il oublié ? Lorsque je me tourne vers la première dame pour la saluer, avant de prendre congé, je lui glisse à l'oreille : « Attention, désormais, le Mexicain, c'est Emmanuel ! »

À mon domicile, François Hollande m'attend. Il y a quelques jours, il m'a demandé d'organiser un déjeuner qui rassemblerait, autour de lui, quelques amis le jour de son départ. Le patron du restaurant La Boule rouge m'a dit pouvoir mettre son établissement à notre disposition. Doivent participer au déjeuner Stéphane Le Foll, Michel Sapin, Jean-Marc Ayrault, Jean-Yves Le Drian, Frédérique Espagnac, Jean-Pierre Jouyet et leurs conjoints. Lorsque nous arrivons sur les lieux, je constate que le restaurant n'est pas fermé et que Raymond, le patron des lieux, a prévenu tous ses amis de l'identité de l'invité du jour. C'est donc dans une ambiance bruyante et méditerranéenne que nous déjeunons, en ce jour si singulier pour nous. Certains des clients du restaurant se présentent au président, pour une photographie, pendant que Jean-Yves Le Drian raconte ses adieux aux armées, parle de son prochain retour en Bretagne, que Stéphane Le Foll évoque la campagne législative et que j'accueille Enrico Macias, qui a sa table à demeure et qui est arrivé par hasard.

Lorsqu'il quitte cet endroit insolite, le président de la République constate qu'à proximité de la sortie Julien Dray s'est installé pour déjeuner avec un ami. Il a le visage fermé de ceux qui auraient aimé figurer sur la liste des invités du jour. Sa présence n'est donc pas fortuite. Puis François Hollande est ovationné par tous les amis du restaurateur dans la rue. Je ne parviens pas à lui dire au revoir au moment où il s'en va. Au moment de me saluer, Raymond me dit que c'est le plus beau jour de sa vie.

Lundi 15 mai

Dès 8 heures du matin, j'arrive dans mon bureau vide, à Matignon. Pour mon dernier petit-déjeuner de Premier ministre, j'ai invité Roger Fichtenberg, un ami de longue date, âgé de quatre-vingt-quinze ans, que j'ai connu au Parti radical de gauche, alors que j'avais dix-huit ans. Il est accompagné de l'ancienne députée socialiste de Paris Danièle Hoffman-Rispal.

Pendant une heure, nous évoquons quelques souvenirs. Il me parle de l'Occupation, des souffrances des juifs de France, de ses convictions d'humaniste. Cela m'émeut de terminer avec lui mes entretiens de Matignon, sans doute parce que nous nous sommes toujours connus et qu'il s'adresse à moi comme si j'avais encore dix-huit ans. Lorsque je le raccompagne jusqu'à la grande porte de l'Hôtel Matignon, qui s'ouvre sur la rue de Varenne, un mur de caméras a été positionné face à nous. Les journalistes attendent le nouveau Premier ministre, dont la nomination doit intervenir dans la matinée. Comme les chaînes d'information doivent diffuser, sans trêve, des informations dont elles ne disposent pas toujours, chaque petit événement devient objet de commentaires. On peut ainsi, des heures durant, parvenir à occuper l'antenne sans rien avoir à dire de précis. De retour dans mon bureau, je vois sur BFM-TV une interview en direct de Roger Fichtenberg, racontant notre amitié et notre rencontre, il y a plus de trente-cinq ans. Cet instant inédit passera en boucle, à la télévision, au cours de la matinée, faisant de cet ami fidèle, discret tout au long de sa vie, le second rôle d'une journée pas comme les autres.

Avec mes collaborateurs, nous passons en revue les différentes étapes de la passation de pouvoir. Le diable se loge dans les détails et rien ne doit venir perturber l'arrivée de mon successeur. Comme des millions de Français, nous attendons la nomination du nouveau Premier ministre, dont je connais déjà le nom. Les journalistes, rue de Varenne, continuent à faire le récit de la journée. J'apprends ainsi ce qui se passe à Matignon, autour de moi, et qui ne correspond pas toujours à ce que je vis. En fin de matinée, alors que rien ne se produit encore de significatif et que les commentaires vont bon train, je propose à mes collaborateurs un petit stratagème. Il y a quelques jours, j'ai fait à une journaliste la confidence que je quitterai Matignon en Citroën DS des années 60. Il s'agissait de marquer symboliquement la fin du vieux monde, auquel je suis censé appartenir, et d'assumer mes goûts vintage face à ceux qui pensent qu'une ère nouvelle s'ouvre avec leur avènement. Le propos était une boutade, mais mon cabinet s'est entiché de cette idée décalée et a trouvé le véhicule de mes projets fantasmés. Garé au fond du parc, à proximité du Pavillon de musique, la DS ne demande qu'à se rendre utile. Je propose donc qu'on la fasse venir dans la cour d'honneur de Matignon, en la faisant passer rue de Varenne devant les caméras. Quelques minutes plus tard, l'image est belle de cette voiture rutilante, franchissant en direct la porte de Matignon et suscitant immédiatement des commentaires définitifs de journalistes interloqués.

À peine Édouard Philippe est-il nommé que nous prenons contact l'un avec l'autre, pour fixer à 16 heures la passation de pouvoirs. Celui qui me succède est un ami, pour lequel j'ai de l'estime et avec lequel je partage la même passion de la Normandie. Dans la foulée, Emmanuel Macron me téléphone pour me dire quelques mots sur mon successeur et m'adresser des vœux pour la suite de ma vie professionnelle.

Lorsque, du perron de Matignon où je l'attends, je vois sortir de son véhicule le nouveau Premier ministre, il m'apparaît immense, déraisonnablement grand et longiligne et comme dissimulé derrière sa barbe. À longues enjambées, il me rejoint et c'est en peu de temps qu'il gravit les escaliers qui nous conduisent vers mon bureau. L'entretien d'usage est bref. Nous nous connaissons bien et depuis longtemps. Je n'ai aucun conseil à lui donner ni aucune recommandation à lui faire. Il a le sens de l'État et son ambition n'est jamais dépourvue d'élégance. Après s'être assis sur le canapé du bureau et s'être débarrassé de ses jambes en les croisant, il me demande si je me suis senti seul dans ce bureau. Je lui réponds qu'on est seul toujours et partout quand on gouverne, dans ce bureau comme dans d'autres.

Je lui dis aussi que je n'ai rien vécu de plus éprouvant que mon passage Place Beauvau.

Dans la cour, devant les caméras, nous échangeons quelques propos. Je parle de la Normandie, de Tocqueville, des épreuves traversées par le pays au moment des attaques terroristes, de ma fidélité à la gauche, à l'héritage légué par ses grandes consciences, de ma loyauté au président Hollande avec lequel j'ai été fier de gouverner. Édouard Philippe évoque lui aussi la Normandie, sa fidélité à la droite, à Alain Juppé, à Antoine Rufenacht et la tâche qui l'attend désormais.

Lorsque ma voiture franchit la grille de Matignon, mon chauffeur me demande si nous allons bien à la maison. Ma fille Mona m'y attend. À mon arrivée, elle est joyeuse et me parle de politique, comme jamais elle ne l'avait fait au cours des cinq dernières années. C'est ainsi qu'elle manifeste sa joie de retrouver son père. Trente minutes plus tard, les membres de mon cabinet m'appellent. Ils sont au café le Solférino, en terrasse, où ils m'invitent à venir prendre un verre. Je les y retrouve, avec la joie de quelqu'un qui les aurait quittés depuis longtemps.

Alors que nous parlons ensemble, Jean-Yves Le Drian passe devant nous, en tenue décontractée, au bras de son épouse. Il ne nous voit pas. Il marche en regardant devant lui.

Épilogue

Dans les jours qui ont suivi mon départ du gouvernement, j'ai sillonné le pays pour soutenir les candidats aux élections législatives. Je l'ai fait avec plaisir, même si c'est d'abord par devoir que je me suis résolu à ne pas les laisser seuls, livrés à leur sort. Parmi les responsables socialistes, nombreux ont été ceux qui furent d'abord préoccupés de leur propre réélection. Et même si beaucoup n'y crurent pas, ils s'y consacrèrent pleinement, ce qui les rendit indisponibles pour venir épauler certains de leurs camarades à la peine. Ainsi, Jean-Christophe Cambadélis fut entièrement mobilisé dans sa circonscription du 19e arrondissement, et c'est du haut des palettes rouges, sur lesquelles il montait chaque jour pour haranguer ses électeurs, qu'il vit l'horizon d'une débâcle électorale se rapprocher de lui et de nous.

Certains, parmi les responsables socialistes, firent le siège d'En Marche pour obtenir une investiture prometteuse, pendant que d'autres se contentaient d'éviter d'avoir contre eux un candidat issu de cette nouvelle formation, avec l'espoir de survivre.

Mais il y eut surtout l'immense majorité des parlementaires qui n'avaient que très peu fait parler d'eux pendant la législature précédente, parce qu'ils étaient loyalement mobilisés par leur tâche. Ceux-là furent les premières victimes du « grand chambardement » souhaité par le nouveau président de la République.

Le nouveau quinquennat prétendait rassembler les Français en dépassant les clivages. Mais il commença par éradiquer ceux qui aspiraient à demeurer fidèles à eux-mêmes, tout en contribuant à la réussite de la période qui commençait.

Cette « ablation » politique se fit en même temps qu'une greffe, celle de personnalités nouvelles, issues du parti du président et qui arrivèrent en masse au Parlement, par la volonté du suffrage universel, il est vrai, avec la conviction qu'ils incarnaient le nouveau monde face à la vieille politique, celle dont il était de bon ton de dire qu'elle avait échoué sur tout. Parmi ces nouveaux députés, il y avait des recyclés-recalés de la vie politique française, qui venaient de tous les partis, qui parfois même avaient réussi à appartenir à chacun d'eux successivement, en étant toujours battus, et qui avaient enfin trouvé celui qui allait les faire élire. Il y avait ceux, inexpérimentés bien que sincères, qui dans la griserie de leur victoire électorale pensaient changer toutes les règles et s'étaient laissé convaincre que la noble et vraie politique les avait attendus, pour commencer vraiment avec eux. Enfin il y avait ceux qui, à droite et à gauche, se classaient parmi les constructifs et s'étaient placés en position de prendre leurs bénéfices si la nouvelle expérience marchait et de s'en désolidariser pour le cas où elle viendrait à échouer.

Dans cette éradication des forces et des personnalités qu'on aurait pu coaliser pour réussir, c'est une fronde et une confusion plus grandes encore qu'on a rendues possibles au Parlement, au détriment de sa crédibilité et du renforcement à terme de ses prérogatives et de son rôle. Pour ma part, en me trompant peut-être, j'avais pensé que la modernité pouvait conduire des femmes et des hommes attachés à leurs familles politiques et à leurs convictions à travailler ensemble, dans un dépassement inédit, qui aurait pour seule préoccupation l'intérêt supérieur du pays. J'avais aussi pensé que le Parlement pouvait être le lieu de ce dépassement. Dans certaines grandes démocraties européennes, en Allemagne notamment, la coalition avait donné de bons résultats. Elle avait surtout apaisé la vie politique. Mais cette formule classique était sans doute bien moins spectaculaire et satisfaisante pour l'ego que la vision du vieux monde englouti sous ses ruines. Dans l'état de division où notre pays se trouvait, je voulais croire, cependant, qu'elle avait les attributs de la sagesse.

Pendant la campagne législative, j'ai donc dit ce que je croyais juste, sincèrement. Et comme ce que je pensais ne correspondait pas à ce qu'on avait envie d'entendre, certains journalistes sont allés au plus simple, en expliquant mon positionnement par une relation exécrable avec le nouveau président. C'était absurde, mais cette thèse correspondait tellement au récit qui leur convenait qu'il était vain de chercher à la démentir.

En fait, mes relations avec Emmanuel Macron ont toujours été bonnes, même si elles n'ont jamais été complaisantes. De la complicité qui nous a unis l'un à l'autre, au début du quinquennat de François Hollande, il est demeuré quelque chose qui m'a interdit de lui dissimuler le fond de ma pensée lorsque je ne me suis pas trouvé spontanément en accord avec lui. Pendant l'état de grâce, où la gloire qui s'attachait à sa personne conduisait ceux qui l'avaient jadis décrié à lui trouver des qualités que lui-même ne revendiquait pas, je me suis fait un devoir de ne pas prendre place dans le chœur des laudateurs. Plus tard, au milieu de l'été, lorsque les difficultés ont commencé à poindre, j'ai tu mes interrogations pour ne pas compliquer la tâche du gouvernement, dont je savais mieux que quiconque la rudesse des échéances qui se présenteraient à lui. Ce n'est pas parce que nous n'avions pas été épargnés par les critiques, parfois excessives et injustes, sous le quinquennat précédent, que nous devions souhaiter que nos successeurs les subissent à leur tour, en nous faisant complices de ceux qui pilonnaient les gouvernements, quels qu'ils fussent.

Lorsque le gouvernement fut nommé, j'ai trouvé qu'il faisait la part belle à la droite, à ses responsables autant qu'à ses thèses. On avait parlé de rassemblement et de dépassement des clivages, mais Matignon et toute la politique économique étaient entre les mains de personnalités dont je connaissais les convictions libérales. Parmi celles issues de la gauche, presque toutes étaient passées par En Marche. Elles étaient donc désormais ailleurs. Et à l'exception de Jean-Yves Le Drian, qui avait pourtant laissé en chemin les socialistes bretons, je n'en voyais guère qui aspiraient à inscrire la politique du nouveau pouvoir dans la tradition sociale-démocrate et réformiste.

Dans sa volonté de faire exploser le « système », Emmanuel Macron avait beaucoup composé avec les Républicains, considérant sans doute qu'il n'avait pas à le faire avec les socialistes qui avaient disparu, encore moins avec les Insoumis, qu'il rêvait d'installer à gauche comme sa seule opposition. C'est à la droite qu'il faisait les yeux de Chimène, au moins dans un premier temps, à la fois pour l'affaiblir, mais aussi parce qu'elle était la plus qualifiée pour mettre en œuvre la première phase du quinquennat. Il savait que la gauche n'accepterait pas des réformes fiscales au bénéfice des plus riches, une recentralisation du pouvoir au détriment des collectivités locales et de leur libre administration, des coupes claires dans les moyens des services publics, légitimées par un audit de la Cour des comptes instrumentalisé de façon classiquement politicienne. Entendre les ministres de Bercy, qui avaient soutenu ou participé au gouvernement de François Fillon, quand la dette avait plus que doublé et la dépense publique progressé de près de 170 milliards d'euros, expliquer que la gauche avait mal géré le pays, sous prétexte que les déficits n'avaient pas diminué autant sous notre gouvernement qu'ils avaient augmenté sous le leur, entre 2007 et 2012, avait de quoi agacer Michel Sapin, Christian Eckert et d'autres encore, qu'on accusait injustement d'insincérité.

Ce choix de placer le curseur du nouveau gouvernement bien plus à droite que certains électeurs de gauche ne l'avaient imaginé a eu plusieurs conséquences, qui ne seront pas sans effets sur la suite du quinquennat. La première, et la plus immédiate, a sans doute été l'amplification de la victoire du nouveau pouvoir au moment des élections législatives. Des territoires conservateurs comme le Var ou les Alpes-Maritimes ont voté massivement pour les candidats d'En Marche, non parce qu'ils avaient cessé d'être à droite, mais parce qu'ils pensaient que le nouveau président s'était rallié à eux, alors qu'au même moment les électeurs socialistes, sur d'autres terres, votaient avec la préoccupation d'aider un président social-démocrate à réussir.

Certains observateurs virent dans ce tour de passe-passe la manifestation d'une habileté supérieure. Les mêmes qui dans leurs éditoriaux s'émerveillaient des charmes et de la pureté juvénile du nouveau monde expliquaient qu'il puisait sa force dans l'application des vieux préceptes de Machiavel. Pour ma part, je voyais la manœuvre politique, dans sa forme chimiquement pure, fabriquer une ambiguïté qui avait toutes les vertus d'un poison lent. De cette capacité tactique devaient naître plus de groupes parlementaires à l'Assemblée nationale que la IVe République n'en avait connu, avec des premiers mois marqués par un climat de confusion qu'on pouvait imputer à la fois à l'inévitable période de rodage d'une Assemblée très largement renouvelée et à l'affaiblissement délibéré du Parlement par un exécutif qui entendait que tout, désormais, procédât de lui.

Le nouveau gouvernement déploya par ailleurs une énergie considérable pour mettre en œuvre des mesures d'inspiration résolument libérale, parfois banalement conservatrices qui portaient la marque de la droite jusque dans sa capacité à reproduire mécaniquement les mêmes injustices que celles commises sous le mandat de Nicolas Sarkozy : dramatisation de la situation budgétaire avec le souci d'imposer à la Fonction publique une purge, allégement de la fiscalité des plus riches (4,5 milliards d'euros) – à travers notamment la réforme de l'impôt sur la fortune – financé par de sévères coups de rabot sur les services publics et par l'augmentation de la Contribution sociale généralisée, acquittée par les plus modestes des Français ; remise en cause, comme souvent sous la droite, des budgets des ministères régaliens (la Défense, l'Intérieur) ; abandon de certaines orientations écologiques, notamment dans le secteur agricole. Au plan international, sur la Syrie notamment, la réorientation de la politique de la France dans le sens d'une moindre fermeté à l'égard de Bachar el-Assad, qui n'était plus considéré désormais comme un obstacle à la transition politique et au retour de la paix dans son propre pays, enchantait sans doute la droite la plus russophile, qui, campée dans l'opposition, ne pouvait toutefois le reconnaître…

Lorsque, pendant les élections législatives, j'ai appelé les électeurs socialistes à ne pas laisser Emmanuel Macron seul en tête-à-tête avec la droite, je les ai surtout invités à maintenir dans notre pays un courant social-démocrate suffisamment fort pour que le retour de la droite ne s'impose pas à eux sans préavis. Il était sans doute difficile d'être audible à ce moment-là, mais le temps a cette vertu qui le conduit à restituer peu à peu à l'histoire la vérité des intentions et des actes de ceux qui nous gouvernent.

Alors que j'ai vu la défaite se rapprocher de nous, j'ai surtout cherché ce qui était imputable à la gauche de gouvernement elle-même, dans l'échec cuisant qu'elle s'apprêtait à subir. Même si Emmanuel Macron a souhaité l'explosion du système politique français et a catalysé sa décomposition jusqu'à sa victoire totale, je ne l'ai jamais considéré comme responsable de la déréliction de la gauche. Pour la bonne et simple raison qu'il n'aurait jamais été élu si la droite et la gauche ensemble n'avaient pas organisé leur propre débâcle : la droite, en subissant le choc d'une campagne qu'elle pensait déjà gagnée et que son candidat, par entêtement, lui fit perdre, et la gauche par un lent processus de division et d'affaissement de ses pratiques et de sa pensée, de mise en perspective tardive de l'action menée, dont nous portons tous, responsables socialistes, une part de responsabilité.

Dans mes déplacements de campagne à Marmande, au Mans, à Villeurbanne, à Vienne, dans le Périgord, à Lens, à Perpignan ou encore à Paris, j'ai trouvé des salles bondées et des militants encore mobilisés. Mais partout où je me suis rendu, j'ai entendu les mêmes propos et constaté les mêmes attentes. J'ai vu des électeurs socialistes heurtés par nos divisions, exaspérés par le pilonnage des frondeurs, mais aussi par l'incapacité des responsables socialistes de se rassembler pour soutenir loyalement le candidat issu de la primaire. J'ai entendu s'exprimer le regret d'une campagne présidentielle sans candidat pour soutenir le bilan du quinquennat.

Je me suis rendu dans des régions où les électeurs se désespéraient de voir des députés sortants se présenter une fois encore, alors qu'ils occupaient la scène depuis vingt ou trente ans, soutenus par les mêmes apparatchiks usés et fatigués. J'ai vu de près un parti qui certes renouvelait ses candidats, mais qui s'étiolait du maintien à tout prix de ceux, peu nombreux mais très visibles, qui ne voulaient pas partir et qui, autour d'eux, avaient fini par susciter la lassitude, puis le vide.

Si j'ai toujours perçu comme un peu réducteurs les discours moralisateurs sur les vertus particulières de la société civile, comme s'il existait face à elle une « armée de métier » composée exclusivement d'individus intéressés, médiocres et parfois corrompus, je n'ai pu que constater les dégâts occasionnés par la multiplication des positionnements tactiques et des manœuvres dérisoires, dans un parti de plus en plus replié sur lui-même, au point de ne plus être en situation de parler aux Français.

Dans mes échanges avec les électeurs et les militants au cours des derniers mois, notamment avec ceux qui se sont éloignés de nous pour donner sa chance au nouveau président de la République, j'ai senti une aspiration profonde à voir la gauche de gouvernement se refonder. Beaucoup m'ont dit leur attachement à la justice sociale et fiscale, à la modernisation des services publics, à la laïcité, à la réussite de la grande mutation écologique portée par la conférence pour le climat. Nombreux sont ceux qui m'ont fait part de leur désir de voir la gauche incarner, par-delà nos frontières, le projet d'une Europe qui protège, face aux peurs qu'engendre la mondialisation et aux menaces d'un monde chaotique. Et parmi tous ceux-là, qui se montrèrent souvent sévères sur nos pratiques, nos divisions, parfois aussi sur certains aspects de notre bilan, rares furent ceux qui me dirent ne plus croire au clivage entre la droite et la gauche et qui manifestèrent leur satisfaction d'une confusion politique où la droite, finalement, semblait trouver seule son compte. Comme si, avec le temps qui s'écoule, chacun réalisait qu'on ne peut être tout à la fois et en même temps !

Enfin, je veux dire avec sincérité aux électeurs de gauche que le message que nous avons porté dans l'histoire, que la refondation de la social-démocratie française à laquelle nous devons nous atteler, ne sont en rien compatibles avec l'extrémisme et le refus de tout que portent les outrances, les insultes et les dérives de Jean-Luc Mélenchon. Il y a dans la grande tradition des humanistes français un réformisme qui se nourrit toujours de l'imagination et de l'audace, mais qui refuse systématiquement les ruptures où la violence devient légitime, sous prétexte que ceux qui n'aspirent qu'à la révolte pensent détenir seuls la vérité. On ne peut considérer comme dérisoire que Jean-Luc Mélenchon n'ait pas été capable de choisir clairement entre la République et l'extrême droite au second tour de l'élection présidentielle. On ne peut non plus considérer comme anodin que, pour échapper à la critique de ceux qui s'en inquiétaient, il se soit laissé aller à des accusations indignes, en allant jusqu'à évoquer la tragédie de Sivens pour me qualifier d'assassin. On ne peut davantage mettre sur le compte du hasard que son silence se soit substitué à ses vitupérations après que le régime vénézuélien, dont il louait les vertus, eut enfin montré son vrai visage. L'espérance et la crédibilité ne peuvent en aucun cas naître de la colère qu'il attise en permanence, avec pour seule ambition d'entretenir un écosystème qui lui permette de se maintenir après avoir gratifié de ses outrances toutes les assemblées parlementaires, qu'elles soient nationales ou européennes, y avoir représenté tous les territoires, pour finalement les abandonner, et préconisé le départ du monde politique de tous les autres, à l'exception de lui-même.

Dans le travail de refondation de la gauche de gouvernement qui se présente à nous et qui appelle une ambition et une démarche collectives, chacun devra prendre sa part. Je prendrai la mienne, si je peux être utile, avec la même passion de l'État, de la France, du bien public que celle qui m'a guidé dans l'exercice des responsabilités gouvernementales. Avec la sincérité sans laquelle on ne convainc pas et la conscience que l'État est tout et que nos modestes personnes ne sont là que pour bien le servir.

Remerciements

Je remercie les membres de mon cabinet, pour l'aide précieuse qu'ils m'ont apportée, pendant ces six mois passés à Matignon. Leur passion de l'État, leur dévouement, leur loyauté m'auront permis de remplir ma tâche, en essayant de faire au mieux. Je sais ce que je leur dois. Je les compte parmi mes amis.

Cet ouvrage a été composé
par Nord Compo à Villeneuve-d'Ascq
et achevé d'imprimer en août 2018
par la Nouvelle Imprimerie Laballery
pour le compte des Éditions Stock
21, rue du Montparnasse, 75006 Paris

Imprimé en France

Dépôt légal : octobre 2017
N° d'édition : 05 – N° d'impression : 807465
23-07-8342/5